D1918798

Schulanfang!

Leitfaden für Vorbereitung, Einschulung, Unterricht und Elternarbeit

westermann

Schulanfang!
Leitfaden für Vorbereitung, Einschulung, Unterricht und Elternarbeit

Herausgeberin: Heidrun Scheller
Autoren: Rosemarie Bauer
Monika Cichos
Heinz-Jürgen Kauffeldt
Rita Schurr

© 2004 Bildungshaus Schulbuchverlage
Westermann Schroedel Diesterweg Schöningh Winklers GmbH, Braunschweig
www.westermann.de

Das Werk und seine Teile sind urheberrechtlich geschützt. Jede Nutzung in anderen als den gesetzlich zugelassenen Fällen bedarf der vorherigen schriftlichen Einwilligung des Verlages. Hinweis zu § 52a UrhG: Weder das Werk noch seine Teile dürfen ohne eine solche Einwilligung gescannt und in ein Netzwerk eingestellt werden. Dies gilt auch für Intranets von Schulen und sonstigen Bildungseinrichtungen.

Druck A² / Jahr 2006

Alle Drucke der Serie A sind im Unterricht parallel verwendbar.

Redaktion: Eva Odersky
Illustrationen und Titelbild: Gabi Dors-Mager
Herstellung: Nicole Hotopp
Satz: PER Medien+Marketing GmbH, Braunschweig
Druck und Bindung: westermann druck GmbH, Braunschweig

ISBN 978-3-14-**162065**-8
alt: 3-14-**162065**-2

Inhalt

Vorwort

Das vorliegende Buch wendet sich sowohl an Lehrkräfte, die aus unterschiedlichen Gründen noch nie in einem ersten Schuljahr unterrichtet haben, als auch an diejenigen, die schon lange in der Grundschule arbeiten, aber neue Anregungen für die Arbeit während des ersten Schuljahrgangs suchen.

Es würde unseren Rahmen sprengen, ausführlich die Didaktik des Anfangsunterrichts aller Lernbereiche darzulegen. Unser Anliegen ist es vielmehr, eng an der Praxis orientiert zu sein. Wir wollen Spuren legen, Denkanstöße geben und durch Verweise auf weiterführende Literatur die Möglichkeit eröffnen, sich vertiefend damit zu befassen.

Außerdem wollen wir Lehrkräften Mut machen, Neues zu wagen. Vor Beginn der Arbeit in einem ersten Schuljahr sieht man sich vielfältigen Herausforderungen gegenüber: Auch diejenigen, die schon mehrmals ein erstes Schuljahr geführt haben, suchen Antworten und Anregungen. Die Frage, wie es zu schaffen ist, Kindern Grundfertigkeiten in allen Bereichen zu vermitteln, stellt sich immer wieder neu. Die Sorge, nicht allen Kindern gerecht zu werden und sie nicht ausreichend in ihrer Individualität wahrzunehmen, bewegt Lehrkräfte in der Grundschule besonders stark. Sie sehen sich in der Verantwortung, die Kinder das Lernen zu lehren, damit sie für ihre gesamte Schullaufbahn gut gerüstet sind.

Ganz entscheidend scheint es uns angesichts dessen zu sein, dass Lehrkräfte sich öffnen: Damit ist das Arbeiten im Team genauso gemeint wie die Zusammenarbeit mit vorschulischen Einrichtungen, die offene Klassentür ebenso wie das Eingeständnis, in manchen Fällen ratlos zu sein und Hilfsmöglichkeiten zu erkunden. Öffnung umfasst auch, neue Inhalte in den Unterricht aufzunehmen und neue Formen des Lehrens zu praktizieren. Diese Offenheit gelingt aber nur, wenn die Bereitschaft vorhanden ist, eigenes Handeln zu hinterfragen und über den eigenen Tellerrand hinauszublicken.

Öffnung muss sich darüber hinaus auf intensive Elternarbeit erstrecken: Die Mühsal von Konsequenz und Kontinuität müssen alle an der Erziehung und Bildung beteiligten Personen gemeinsam auf sich nehmen, um die Kinder bei den ersten Lernschritten in der Schule zu unterstützen. Erwachsene müssen Kindern Sicherheit für verantwortungsvolles Handeln als Individuen ebenso wie als Mitglieder einer Gruppe vermitteln. Schule muss mehr als bisher Eltern an ihre Pflicht erinnern, ihre Kinder zu erziehen und sich dabei an einem Katalog von gesamtgesellschaftlich akzeptierten Normen zu orientieren.

Ideen und Möglichkeiten, wie diese – und natürlich noch einige andere – Ansprüche im ersten Schuljahr umgesetzt werden können, sind in diesem Buch zusammengetragen.

Wir wünschen Ihnen und Ihren Kindern viel Freude und Erfolg damit!

1 Vor der Einschulung

1.1 Kontakt zu vorschulischen Einrichtungen

Kooperation lange vor der Einschulung

Damit der Übergang von der Vorschul- in die Schulzeit für die Kinder möglichst gleitend verläuft, beginnen die Vorbereitungen in beiden Einrichtungen lange vor dem Tag der Einschulung: Vertretungen von Kindergarten und Grundschule nehmen Kontakt zueinander auf.

Im Rahmen intensiver Kooperation erfahren Lehrkräfte mehr über Vorschulpädagogik und das Lernen in Kindergärten und anderen vorschulischen Einrichtungen. Da viele Kinder dort drei und mehr Jahre spielend lernen und erzogen werden, sind Langzeitbeobachtungen möglich. Durch den engen Kontakt zwischen Vorschuleinrichtung und Eltern (die jeden Tag ihre Kinder dorthin begleiten und sie wieder abholen) gewinnen Erzieherinnen und Erzieher Erkenntnisse sowohl über die Kinder als auch über deren häusliches Umfeld. Sie informieren die Lehrkräfte über beobachtete Stärken, Schwächen oder Auffälligkeiten der Kinder. Voraussetzung für die Weitergabe dieser Informationen ist natürlich die Zustimmung der Eltern. Kinder mit Auffälligkeiten im positiven wie im pathologischen Sinne benötigen besondere Aufmerksamkeit. Früher hat die notwendige Förderung dieser Kinder oft erst nach der Einschulung eingesetzt. Die Folge war Unzufriedenheit vor allem bei Kindern und Eltern.

Darüber hinaus erfahren die Lehrkräfte, wie die Kinder im Jahr vor der Einschulung auf das Leben und Arbeiten in der Schule vorbereitet werden.

Voraussetzungen für den Schulbesuch entwickeln

Für Vorschulpädagoginnen und -pädagogen ist es umgekehrt wichtig, die Arbeit der Lehrkräfte im ersten Schuljahr kennen zu lernen. Lernen in der Grundschule hat sich in den letzten Jahren kontinuierlich verändert. Diese Entwicklung, die auch veränderte Ansprüche an die Vorschulerziehung zur Folge hat, sollten die Erzieherinnen kennen. Nur dann können sie daraus für ihre eigene Arbeit Schlüsse ziehen und mit den Kindern Voraussetzungen für den Schulbesuch entwickeln.

Lernen im Kindergarten

Das Lernen in vorschulischen Einrichtungen ist eher ein auf die Praxis ausgerichtetes Lernen an Gelegenheiten. Es hat die Entfaltung geistiger Fähigkeiten und manueller Fertigkeiten ebenso wie Einsichten in die die Kinder umgebende Lebenswirklichkeit zum Ziel. Dabei nimmt der Bereich „Soziales Lernen" breiten Raum ein.

Lernen in der Grundschule

Das Lernen in der Grundschule dagegen ist ein Lernen, das sich stärker an vorgegebenen Rahmenrichtlinien oder Bildungsplänen orientiert. Ziel ist die Befähigung der Kinder, selbstgesteuert und in eigener Verantwortung in unterschiedlichen Lernsituationen und Unterrichtsformen zu lernen und zu arbeiten. Kinder, die das Lernen gelernt haben und darüber hinaus soziale Kompetenzen erworben haben, verfügen über die notwendigen Voraussetzungen für die Teilnahme an kulturellem Leben.

Der Schulanfang wird gelingen, wenn etwa ein Jahr vor der Einschulung die koordinierten Vorbereitungen von Vorschuleinrichtungen und Grundschule einsetzen.

Das bedeutet, dass ein gemeinsames Konzept für die Kooperation entwickelt werden muss. Dieses Konzept darf sich nicht auf organisatorische Fragen beschränken, sondern muss auch Absprachen über Ziele und Inhalte umfassen.

Gemeinsames Konzept für die Kooperation

Ziele der Kooperation sollten unter anderem sein:

→ Die enge Verknüpfung von vorschulischer und schulischer Arbeit, z. B. in Form gemeinsam gestalteter Unterrichtsprojekte, Kennenlern-Feste, Schulbesuchstage, und dabei
→ das gegenseitige Kennenlernen von Kindern, Erzieherinnen und Lehrkräften und
→ das Vertrautwerden der Kinder mit dem Lebens- und Arbeitsraum Schule.
→ Im letzten Jahr vor der Einschulung ein gezieltes Entwickeln der Voraussetzungen für das Lernen in der Schule,
→ die gemeinsame Festlegung von Beobachtungsschwerpunkten und -kriterien,
→ das Feststellen von Stärken und Schwächen der Kinder sowie in der Folge
→ die rechtzeitige Entwicklung individueller Förderkonzepte.

Eltern und Kinder werden in diese Kooperation einbezogen und erhalten frühzeitig alle für sie wichtigen Informationen. Auf diese Weise gelingt es, nicht nur den Kindern, sondern auch ihren Eltern die Angst vor der Schule zu nehmen.

Kinder und Eltern einbeziehen

Je eher vor der Einschulung Stärken und Defizite vor allem in den Bereichen Sprache, kognitive Fähigkeiten, Sozialverhalten, Bewegung, Koordination festgestellt werden, desto erfolgreicher können betroffene Kinder noch vor der Einschulung gefördert werden. Besonders wichtig sind Sprachfeststellungsprüfungen für ausgesiedelte und ausländische Kinder. Sie machen den Förderbedarf im Bereich Sprache und Sprechen deutlich. Damit ist die Basis für den Sprachförderunterricht gegeben. Hilfreich ist in diesem Zusammenhang der Einsatz der „Startbox“ zur Diagnostik der Lernausgangslage (Freitag, H./Schüßler, Ch./Steck-Lüschow, A.: Die Startbox. Diagnostik zur Lernausgangslage. Von der Anmeldung bis zum Schulbeginn. Hannover: Schroedel 2003).

Förderbedarf einzelner Kinder

Um Hilfen für Kinder zu erhalten, die gravierende Entwicklungsdefizite aufweisen, muss vor der Einschulung unter Umständen fachkundiger Rat eingeholt werden, zum Beispiel

Fachkundige Hilfe

→ beim Staatlichen Gesundheitsamt,
→ bei einer Logopädin oder einem Logopäden,
→ bei der Schulaufsichtsbehörde,
→ bei einer Schule für Lernhilfe/Förderschule,
→ bei einem (Schul-)Psychologen,
→ bei der Erziehungsberatung.

Diese Personen bzw. Institutionen sollten sich den Eltern während der gemeinsam von Vorschuleinrichtung und Grundschule veranstalteten Elternarbeit vorstellen können (vgl. 12.1 Elternarbeit vor der Einschulung). Eltern muss deutlich werden, dass nur durch gemeinsames Vorgehen bestmögliche Förderung der Kinder zu erreichen ist.

Einschulung möglichst aller Kinder

Ziel jeder Form von Förderung vor der Einschulung muss es sein, alle Kinder einzuschulen. Späte Einschulung, Zurückstellungen oder gar Ausschulungen gilt es zu verhindern. Der europäische Vergleich zeigt, dass Einschulung ohne die Hürde der Schulfähigkeit und deren Folgen möglich und sinnvoll ist. Der Unterricht in altersheterogenen Gruppen macht Zurückstellungen und Jahrgangswiederholungen überflüssig.

Organisation der Kooperation

Die Schaffung der organisatorischen Voraussetzungen für die Kooperation sowie die Verwirklichung der Ziele und Inhalte der Arbeit ist Aufgabe der Schulleitung. Sie kann einen Teil dieser Arbeit an eine aus der Mitte des Kollegiums bestimmte Lehrkraft delegieren.

In einigen Bundesländern, zum Beispiel in Baden-Württemberg, sind bereits genaue Vorgaben für die Funktion einer „Kooperations-Lehrkraft" gegeben (vgl. MKS Baden-Württemberg: Kooperation zwischen Tageseinrichtungen für Kinder und Grundschulen, Stuttgart 1996/2004).

1.2 Anmerkungen zur „Veränderten Schuleingangsstufe"

Schulversuche

In allen Bundesländern werden seit Beginn der Neunziger Jahre Schulversuche initiiert, deren Ziel es ist, die Arbeit in den Schuljahrgängen 1 und 2 neu zu strukturieren. Einerseits ist dies eine Reaktion auf die veränderten Lebensbedingungen von Kindern und Eltern, die es erforderlich machen, über neue Wege des Lernens und Lehrens nachzudenken. Andererseits zeigt der Blick zu unseren europäischen Nachbarn, dass dort alle Kinder eingeschult werden, sobald sie das Schulalter erreicht haben – unabhängig von ihrem Entwicklungsstand.

Förderung zur Schulfähigkeit vor der Einschulung

In Deutschland ist das Kriterium der Schulfähigkeit eines Kindes entscheidend für seine Einschulung. Ist es nicht schulfähig, wird es vom Schulbesuch zurückgestellt und im „Schulkindergarten", der „Grundschul-Förderklasse" oder der „Vorschule" gefördert. Dort sind in der Regel Kinder mit sehr unterschiedlichen Defiziten in einer Gruppe zusammengefasst. Innerhalb eines Jahres sollen sie bis zur Schulfähigkeit gefördert werden. In vielen Fällen stellt sich dies als kaum lösbare Aufgabe heraus, weil Lehrkräfte und Sozialpädagoginnen und -pädagogen kaum für die damit verbundenen vielschichtigen Aufgaben ausgebildet sind. Beklagt wird von den dort arbeitenden Kräften zudem, dass es Kindern in einer Gruppe mit hoher Problemkonzentration kaum möglich ist, von positiven Beispielen anderer Kinder zu lernen.

Förderung in der „Veränderten Eingangsstufe"

Dagegen ist es zum Beispiel in der so genannten „Veränderten Schuleingangsstufe" Ziel der Arbeit, der Heterogenität der Schulanfängerinnen und Schulanfänger Rechnung zu tragen und jedem Kind die Forderung und Förderung zuteil werden zu lassen, die es braucht, um einen erfolgreichen Schulstart zu erleben. In der „Veränderten Schuleingangsstufe" ist eine Verweildauer der Kinder von einem Jahr bis zu drei Jahren möglich: Diejenigen, die schnell lernen, können bereits nach einem Jahr gemeinsam mit anderen (älteren) Kindern in die Lerngruppe des 3. und 4. Jahrgangs wechseln. Kinder, die mehr Zeit zum Lernen brauchen, haben die Gelegenheit, bis zu drei Jahre lang in der Schuleingangsstufe zu verweilen, ohne die Lerngruppe wechseln zu müssen und ohne die Stigmatisierung des Wiederholens einer Klasse in einer neuen Lerngruppe zu erleben.

Auch Stichworte wie „schwellenloser Schulanfang“ und „altersgemischtes Lernen“ zeigen die angestrebte Richtung an: Kinder sollen die Gelegenheit haben, voneinander und miteinander zu lernen. Sie sollen, sobald sie das Alter von ca. 6 Jahren erreicht haben, in die Schule aufgenommen werden und dort nach Feststellen der individuellen Lernausgangslage die ihnen gemäße Förderung erhalten (vgl. Anhang Literaturliste: Weiterführende Literaturempfehlungen zum Schulanfang).

Voneinander und miteinander lernen

Aus sehr unterschiedlichen Gründen sind viele Schulversuche inzwischen abgebrochen oder beendet worden. Einer der Gründe ist, dass nicht die erforderlichen personellen Ressourcen vorhanden waren, um in den Schulen einen Verbund unterschiedlicher Kompetenzen zu schaffen, z. B. zusätzlich zu den Grundschul- auch Sonderschullehrkräfte mit den Ausbildungsschwerpunkten Lernbehinderung, Verhaltensbehinderung, Sprachbehinderung oder Deutsch als Fremdsprache sowie Sozialpädagoginnen und -pädagogen einzustellen. Die gemeinsame Aufgabe, sowohl Kindern zu helfen, die behindert oder von Behinderung bedroht sind, als auch das Lernen aller voneinander und miteinander sowie den Erwerb sozialer Kompetenzen zu fördern, konnte daher aus Sicht der Beteiligten oft nur unbefriedigend erfüllt werden.

Abbruch vieler Schulversuche

Die Diskussion um die „Veränderte Schuleingangsstufe“ wird dennoch in allen Bundesländern intensiviert, weil die Arbeit in der Grundschule als bedeutsam für das lebenslange Lern-, Arbeits- und Sozialverhalten erkannt ist. Bis zu ihrem Abschluss kann an dieser Stelle nur darauf verwiesen werden, dass es bereits zahlreiche Unterrichtsmaterialien für den Schulanfang gibt, die für die Arbeit mit heterogenen Lerngruppen konzipiert sind und helfen können, neue Wege bei der Gestaltung des Unterrichts zu beschreiten (vgl. z. B. Primo 1. Deutsch, Schroedel Verlag).

Diskussion um die „Veränderte Eingangsstufe“

1.3 Kindgerechte Schulanmeldung

Zur Schulanmeldung werden Erziehungsberechtigte in der Regel durch eine Zeitungsannonce des Schulträgers eingeladen. Um deutlich zu machen, dass an diesem Tag auch die Kinder in der Schule willkommen sind, ist eine persönlich gehaltene Einladung an die Kinder in Verbindung mit einer offiziellen Einladung an die Erziehungsberechtigten sinnvoll (vgl. Muster 1: *Einladung zur Schulanmeldung an die Eltern* und Muster 2: *Einladung zur Schulanmeldung an die Kinder;* siehe auch 12.1 Elternarbeit vor der Einschulung).

Einladung zur Schulanmeldung

Der Tag der Schulanmeldung ist im Leben der Kinder und ihrer Eltern ein Meilenstein: Mit diesem Tag rückt ein neuer Lebensabschnitt in ihr Blickfeld. Während der Besuch des Kindergartens oder einer ähnlichen Vorschuleinrichtung freiwillig war, ist der tägliche Besuch einer Schule verpflichtend für alle Kinder und es obliegt den Eltern, dieser Verpflichtung zu genügen.

Entscheidung über Einschulung oder Zurückstellung

Vor der Einschulung gilt es allerdings noch einige Hürden zu überwinden:

→ Die Erziehungsberechtigten können einen Antrag auf Zurückstellung ihres Kindes stellen,
→ der Schularzt oder die Schulärztin können Bedenken gegen eine Einschulung äußern,
→ die Erzieherinnen der vorschulischen Einrichtungen können im Gespräch mit Eltern und Lehrkräften (wenn Eltern diesem Informationsfluss zustimmen) Einwände erheben (was wichtig, juristisch jedoch nicht relevant ist),
→ Lehrkräfte können Vorbehalte gegen eine Einschulung vorbringen und eine Zurückstellung vom Schulbesuch vorschlagen.

Je nach Bundesland wird die Entscheidung über Einschulung oder Zurückstellung vom Schulbesuch an unterschiedlicher Stelle getroffen. Meist ist dafür die Schulleiterin bzw. der Schulleiter zuständig.

Für die meisten Kinder ist es zwar selbstverständlich, nach der Anmeldung auch eingeschult zu werden, aber eben nicht für alle. Daher reichen die Gefühle der Kinder von großer Vorfreude auf alles, was kommt, bis zu Skepsis und Unsicherheit bzw. Schüchternheit. Voraussetzung dafür, dass die Schulanmeldung reibungslos gelingt, ist auch deswegen die intensive Kooperation zwischen vorschulischen Einrichtungen und Grundschulen, hier besonders der Austausch über den Entwicklungsstand der Kinder.

Begegnungen zwischen Schul- und Vorschulkindern

Dem Tag der Schulanmeldung ist ein Teil der Anspannung genommen, wenn bereits Begegnungen zwischen Schul- und Vorschulkindern stattgefunden haben: Vielleicht haben die Erzieherinnen mit den künftigen Schulkindern schon einen Besuch in der Schule gemacht? Vielleicht hat ein Kooperations-Team bereits zu dieser Zeit ein kleines Spielfest der Kinder aus den Schuleingangsklassen mit den künftigen Schulkindern organisiert? Vielleicht ist schon der erste von regelmäßig wiederkehrenden Schulbesuchstagen gemeinsam gestaltet worden, um mit allen Kindern an gemeinsamen Projekten zu arbeiten?

Tag der Schulanmeldung

In jedem Fall gebührt am Tag der Schulanmeldung den Kindern besondere Aufmerksamkeit, damit sie spüren:

→ Schule ist ein freundlicher Ort,
→ die Lehrkräfte freuen sich auf mich,
→ die älteren Kinder warten schon auf uns, sie haben für uns die Schule mit Bildern und anderen schönen Dingen geschmückt,
→ wir können uns ansehen, was die Kinder, die im vorigen Jahr zur Schule gekommen sind, gearbeitet haben.

Uhrzeit für die Anmeldung

In der Regel wird die Anmeldung der künftigen Schulkinder am Nachmittag stattfinden, weil die Lehrkräfte während des Vormittags nicht vom Unterricht freigestellt werden können. Dann ist es ihnen möglich, gelassen und entspannt auf die „Neulinge“ einzugehen.

Wird den Eltern eine Uhrzeit für die Anmeldung mitgeteilt, sollte der Abstand zwischen zwei Anmeldungen 15 bis 20 Minuten betragen, um auch auf Fragen der Eltern eingehen zu können. Die Zeit muss dann aber eingehalten werden, damit unnötige Wartezeiten vermieden werden.

Engagement der Lehrkräfte

Für Eltern wird das Engagement aller Eingangsstufen-Lehrkräfte am Schulanmeldungstag sichtbar, wenn sie alle Aufgaben übernommen haben, sei es, dass sie den formalen Teil der Schulanmeldung ausführen und die Daten der Kinder schriftlich festhalten oder dass sie im „Empfangsraum“ die Kinder begrüßen und sich mit ihnen beschäftigen. Ein solcher Raum sollte für diesen Tag speziell vorbereitet und mit Arbeitsplätzen sowie den für diesen Tag benötigten Materialien ausgestattet sein. Die Eltern begleiten ihre Kinder dorthin, bevor sie sich im Wartebereich zur Anmeldung einfinden.

Aktivitäten für die Kinder

Die Lehrkräfte begrüßen die Kinder nach ihrer Ankunft und bieten ihnen verschiedene Aktivitäten und Materialien an, z. B.

→ einen Rundgang durch die Schule,
→ einen Gang zu einem Klassenzimmer,
→ die Beschäftigung mit Dingen, die sie noch nicht aus dem Kindergarten kennen,
→ das Eintopfen eines Pflanzenablegers (z. B. Grünlilie oder Efeu), den sie nach Hause mitnehmen, um ihn dort über einen langen Zeitraum zu pflegen und dann am ersten Schultag in die Schule mitzubringen (so ist der Klassenraum von Anfang an begrünt),
→ Bastelmaterialien, Spiele und Bilderbücher,
→ das Vorlesen des Anfangs einer Geschichte, über deren Fortgang die Kinder dann Vermutungen anstellen.

Beobachtung der Kinder

Die Lehrkräfte, die anwesend, aber nicht unmittelbar mit den Kindern beschäftigt sind, beobachten die Kinder bei ihrem Tun und machen sich Notizen, die in der nachfolgenden Besprechung mit den Anmerkungen und Beobachtungen der Vorschulkräfte und Lehrkräfte aus anderen Situationen zusammengeführt und erörtert werden und Kriterien für die Zusammenstellung der Klassen liefern können.

Formaler Teil der Anmeldung

Die Eltern nehmen währenddessen in einem anderen Raum bei anderen Lehrkräften aus der Eingangsstufe oder bei der Schulsekretärin den erforderlichen formalen Teil der Anmeldung vor. An diesem Tag können die Eltern bereits eine Liste mit dem Material (vgl. Muster 3: *Materialliste*) erhalten, das die Kinder für den Schulanfang benötigen. Alternativ kann diese Liste auch bei der ersten Versammlung der Klassenelternschaften vor der Einschulung ausgegeben werden; dann kann die jeweilige Lehrkraft auf eventuelle Fragen zu der Liste eingehen (vgl. 12.1 Elternarbeit vor der Einschulung).

Einbeziehung des Schulfördervereins

Wenn es an der Schule einen Schulförderverein gibt, bietet es sich natürlich an, ihn in die Gestaltung der Schulanmeldung einzubeziehen: Mitglieder des Vereins könnten an einem Stand zukünftige Eltern mündlich oder mit einem Faltblatt über den Verein und seine Ziele und Aktivitäten, die Schule und die dort tätigen Personen informieren und Getränke für Eltern und Kinder bereithalten.

1.4 Vorbereitungen vor dem ersten Schultag

Sobald die Klasseneinteilung abgeschlossen ist, beginnen die gezielten Vorbereitungen für den Tag der Einschulung.

Brief an die künftigen Schulkinder

Die Zusammenarbeit der für das erste Schuljahr vorgesehenen Lehrerinnen und Lehrer findet ihren ersten Ausdruck in einem an die künftigen Schulkinder gerichteten Brief. Hierin wird jedes Kind von „seiner“ Lehrerin bzw. „seinem“ Lehrer persönlich angesprochen. Empfehlenswert ist es, die Briefe an alle künftigen Schulkinder zur gleichen Zeit abzusenden, damit sich kein Kind benachteiligt fühlt (Muster 4a und b: *Brief an die künftigen Schulkinder*).

Folgende Informationen können in einem solchen Brief außerdem sinnvoll sein:

→ Aus einer Namensliste ist zu erfahren, welche Kinder in dieselbe Klasse kommen. Falls auch Telefonnummern oder Adressen mit angegeben werden sollen, müssen die Eltern bei der Schulanmeldung um Zustimmung gebeten werden.

→ Die jeweilige Lehrkraft kann sich hier den Kindern mit einem Foto vorstellen und darum bitten, am ersten Schultag ein Foto von sich mitzubringen. Da einige Kinder jedoch selten oder nie fotografiert werden, ist es unter Umständen besser, schon bei der Schulanmeldung oder spätestens zu Beginn des Schuljahres selbst zum Fotoapparat zu greifen.

Symbole für die Klassen

→ In einigen Schulen besteht der Brauch, die Klassen nicht nur mit Zahlen-Buchstaben-Kombinationen zu kennzeichnen (1a, 1b, …), sondern Tiere als zusätzliche Kennzeichnung heranzuziehen. In einem Jahr sind es z. B. Tiere aus dem Zoo (Bären, Löwen, Elefanten), dann Tiere, die am und im Wasser leben (Frösche, Fische, Molche) oder Tiere, die es im Wald gibt (Hasen, Rehe, Eichhörnchen) usw. Natürlich können auch dem Schulprofil entsprechend andere einprägsame Symbole gewählt werden. Jedes Kind sollte in „seinem“ Brief erfahren, welches Symbol seine Klasse kennzeichnet. Der Brief beinhaltet außerdem das ausgewählte Tier oder Symbol, von einem älteren Schulkind aus Tonkarton ausgeschnitten, damit die Kinder es am ersten Schultag als Erkennungszeichen tragen können.

Wegweiser im Schulgebäude

In großen Schulgebäuden ist es für kleine Kinder schwierig, sich zu orientieren. Als Wegweiser können die aus selbstklebender farbiger Folie ausgeschnittenen Symbole der einzelnen Klassen dienen, die auf dem Fußboden den Weg zum richtigen Klassenzimmer weisen. Auch der Weg zu den Toiletten, zur Schulsekretärin (Telefon), zum Hausmeister usw. ist so ohne viel Übung von den Kindern zu finden. Beim Ausschneiden der Symbole helfen Eltern gern mit, wenn sie darum gebeten werden.

Vor dieser Aktion ist es notwendig, die Schulleitung und evtl. das Kollegium von ihrem Nutzen zu überzeugen und den Hausmeister zu informieren – da es sich um eine pädagogische Entscheidung handelt, muss er nicht um Zustimmung gebeten werden, aber er sollte vom Sinn der Maßnahme überzeugt sein (vgl. KV 1: *Symbole als Wegweiser*; vgl. auch 3.4 Orientierung im Schulgebäude).

Checkliste Einschulungstag	
Symbole für Klassen-Kennzeichnung (Tiere anstelle der herkömmlichen Bezeichnungen mit Buchstaben) bereithalten	
Zwei Namenskarten für jedes Kind vorbereiten: – eine Karte als Umhängeschild, Schild beidseitig beschriften (vgl. 2.1, Einschulungsfeier) – eine Karte als Aufsteller für den Schultisch/auf eine Wäscheklammer geklebt	
Buch zum Vorlesen auswählen	
Materialien, die in der ersten Schulstunde verwendet werden sollen, vorbereiten und auf den Tischen bereitlegen:	

1.5 Gestaltung des Klassenraumes

Mitgestaltung durch die Kinder

Zu Beginn sollten die Kinder natürlich keinen kahlen, nur mit dem Mobiliar ausgestatteten Raum vorfinden. Doch sollte zum ersten Schultag auch nicht alles „fertig" wirken. Denn um die Kinder in ihrem Raum heimisch werden zu lassen, ist es notwendig und sinnvoll, sie in die Aufteilung und Gestaltung einzubeziehen.

Dies ist deshalb von besonderer Bedeutung, weil der Klassenraum für die Kinder zunächst das Zentrum der Schule ist. Er ist der erste Ort, der ihnen in der neuen Umgebung vertraut sein wird und in dem sie sich geborgen fühlen sollen. Mindestens zwei Jahre lang werden die Kinder hier das Lernen lernen und den Hauptteil ihres Schultags verleben.

Anregende Umgebung

Lernen gelingt, wenn sich Menschen in ihrer Umgebung wohl fühlen und – was besonders für Kinder gilt – wenn sie eine anregende Umgebung vorfinden. Die Pädagogin Maria Montessori war eine der Ersten, die der bewusst gestalteten Lernumwelt der Kinder große Bedeutung beigemessen hat. Nicht nur die von ihr entwickelten Lern-Materialien sind bis ins Detail durchdacht und optisch ansprechend gestaltet, sondern auch der Raum, in dem die Kinder lernen, soll kindgerecht und anregend sein, damit insgesamt eine für das Lernen ideal „vorbereitete Umgebung" entsteht. Viele ihrer Ideen und Vorschläge fanden Eingang in die Pädagogik unserer Zeit (vgl. Fisgus, Ch./Kraft, G.: Ich freu mich schon auf morgen. Donauwörth: Auer 1996).

Gliederung in Bereiche

Ganz wesentlich ist dabei eine übersichtliche Gliederung des Klassenzimmers. Eine Aufteilung in verschiedene Bereiche ist sinnvoll und auch dann möglich, wenn wenig Platz zur Verfügung steht. In diesem Fall muss allerdings genau überlegt werden, welchen Bereichen wie viel Raum gegeben werden soll.

Drei Bereiche sind in jedem Fall wichtig:

Die Lese-Ecke

Privatsphäre schaffen

Die Lesemotivation der Kinder wird erheblich durch eine Lese-Ecke gefördert. Dorthin können sie sich zurückziehen, wenn sie Bücher ansehen und lesen möchten. Da Lesen zunächst eine „private" Tätigkeit ist, die Leseanfänger für sich allein entdecken sollen, ist es wichtig, ihnen ein wenig Privatsphäre im Klassenraum zu bieten: Ein kleines, zweisitziges Lesesofa oder ein großes Sitzkissen, durch ein niedriges Regal oder eine Stoffbahn vom Klassenraum abgeteilt, ein Lesezelt oder eine mit Kissen bestückte Saunabank können in der Lese-Ecke Verwendung finden.

Leichter Zugriff auf Lesestoff

Falls ein Regal fehlt, um die Bücher hineinzustellen, sind zwei bis drei Plastik- oder Holzkisten eine gute Alternative, denn sie können von den Kindern leicht transportiert werden: Ist es in der Lese-Ecke zu voll, sind sie auch an anderem Ort aufstellbar und gewähren weiteren Kindern Zugriff auf Lesestoff.

Sollten in der Schule keine geeigneten Bücher vorhanden sein, hilft vielleicht die Bibliothekarin aus der nächstgelegenen Bücherei, die Kisten altersgerecht auszustatten und den Bestand von Zeit zu Zeit auszutauschen.

Vorleseplatz

Sobald bei den ersten Kindern der Wunsch entsteht, einen kleinen Text vorzulesen, wird aus der privaten eine öffentliche Tätigkeit. Um die Öffentlichkeit zu betonen, ist ein Lesesessel, ein besonderes Kissen oder ein kleiner, zusammenrollbarer Teppich als Vorleseplatz wichtig.

Die Mathe-Ecke

Mathematische Arbeitsmittel und Alltagsgegenstände

Dieselbe Rolle sollte eine Mathe-Ecke einnehmen, in der es Spiele für die Arithmetik und die Geometrie gibt. Eine Mathe-Ecke lässt sich auch mit vielen Gegenständen aus dem Alltag ergänzen.

Sinnvolle Beispiele für die Ausstattung sind:

- → Kastanien, Muscheln, Steinchen o.Ä. als Materialien zum Zählen,
- → eine „Grabbelkiste" mit vielen verschiedenen kleinen Gegenständen zum Ordnen, Zählen, Vergleichen (z. B. Büroklammern verschiedener Größen, Schrauben, Knöpfe, leere Garnrollen, kleine Plastiktiere, Muggelsteine ...),
- → unterschiedlich große Schachteln und Kästen, um Materialien nach Ordnungskriterien zusammenzustellen,
- → Rechenstäbe (Cusenaire-Stäbe),
- → Rechengeld,
- → Rechenperlen mit Schnüren,
- → Steckwürfel,
- → Winkelplättchen,
- → (naturfarbene) Holzbausteine in Würfel- und Quaderform (aus einer Tischlerei),
- → quadratische Spiegel (aus einer Glaserei oder Spiegelfliesen aus dem Baumarkt),
- → (Rechen-)Spiele: Lotto, Memory, Puzzle, Domino (vgl. KV 2: *Blanko-Domino*),
- → Spielkarten mit verschiedenen Anzahlen von Klebepunkten,

→ aus groben Seilen hergestellte Knoten und Seile („Seemannsknoten") zum Anschauen und Selbst-Herstellen (Schulung des räumlichen und genauen Sehens),
→ Knobelspiele vermitteln den Kindern ebenfalls räumliche Anschauungen,
→ (Bastel-)Streichhölzer ohne Köpfe für das Bündeln und um Muster zu legen.

Eine Ecke für Sachthemen

Interessen wecken

Eine Experimentier- und Beobachtungsecke für den Bereich Sachunterricht lockt viele Kinder, sich für naturkundliche und -wissenschaftliche Themen zu interessieren, die bisher in ihrem Lebensraum keinen Stellenwert hatten. Dort können den Kindern Materialien wie Lupenboxen, Sachbücher, ein Aquarium und Ähnliches zugänglich gemacht werden.

Ausstellungstisch

Außerdem bietet sich ein Ausstellungstisch für mitgebrachte oder gefundene Dinge an: Blumen vom Wegesrand, ein Schneckenhaus, ein glitzernder Stein und Ähnliches.

Weitere sinnvolle Bereiche

Ist viel Platz vorhanden, sind weitere sinnvolle Bereiche eine Schreib-Ecke, z. B. mit Papieren unterschiedlicher Größe und Farbe (mit und ohne Lineatur), einigen Briefkuverts und „Schreibblättern" (vgl. KV 3 bis 8: *Rahmen für freies Schreiben*), und Mal-, Bastel-, Knet-Tische.

Kinder einbeziehen

Der Klassenraum sollte vor dem ersten Schultag jedoch nicht fertig gestaltet sein. Wichtig ist es, die Wünsche der Kinder zu erkunden und sie in eine wechselnde Ausgestaltung einzubeziehen.

Mithilfe der Eltern

Bei aufwändig zu realisierenden Anliegen, wie zum Beispiel dem Aufstellen eines Lesezeltes oder dem Anfertigen eines Stoffhimmels zur Verbesserung der Akustik in einem hohen Klassenraum, können in einer der ersten Zusammenkünfte Eltern zur Mithilfe angeregt werden (vgl. dazu 12.1 Elternarbeit vor der Einschulung).

Weitere Einrichtungsgegenstände

Weitere, für ein anregendes Klassenzimmer unentbehrliche Einrichtungsgegenstände sind:
→ mehr Tische als erforderlich, damit Platz für die Präsentation freier Unterrichtsangebote bleibt,
→ ein Regal für die übersichtliche Aufbewahrung von (Freiarbeits-)Materialien,
→ eine Buchstabentafel,
→ eine Sandkiste für Schreibübungen (flache Plastikschüssel oder Tablett mit Vogelsand),
→ Pinnwände, an die Arbeiten der Kinder gehängt werden,
→ ein Geburtstagskalender, der von den Kindern gestaltet ist,
→ eine Übersicht für Klassendienste (vgl. KV 9: *Helfende Hände*),
→ ein gekennzeichnetes Regal- oder Schrankfach für jedes Kind, in dem alles, was nicht für die häusliche Arbeit benötigt wird, aufbewahrt werden kann,
→ ein Teppich, auf dem die Kinder arbeiten oder spielen können, auf dem sie sich bei entsprechender Größe auch an jedem Morgen zur Einstimmung auf den Schulvormittag versammeln.

Finanzierung der Ausstattung

Da die Finanzmittel des Haushaltsjahres im Sommer meist schon verplant bzw. ausgegeben oder zumindest stark beschränkt sind, ist es nicht so einfach, Geld für die gewünschten Ausstattungsgegenstände zu bekommen. Oft spenden aber der Schulförderverein oder einige Eltern gewünschte Materialien. Ein Hinweis darauf, dass noch etwas benötigt wird, wirkt in einer der ersten Elternversammlungen manchmal Wunder, denn nie sind Eltern zu so viel Hilfe bereit wie beim Schulanfang ihrer Kinder.

Bei Ausstattungswünschen, die nur in der Gesamtkonferenz vorgetragen, beschlossen und genehmigt werden können, ist es wichtig, sich im Kollegium um „Verbündete" zu bemühen. Gemeinsam kann in der Konferenz schlagkräftiger argumentiert werden.

Bestuhlung

Ein schwieriges, aber sehr wichtiges Thema ist die Bestuhlung des Klassenzimmers. In der Regel wird zu wenig berücksichtigt, dass Schulanfänger sehr unterschiedlich groß sind. Ausgeschlossen ist es, den Raum mit Tischen und Stühlen einer Größe auszustatten, denn dann würde nicht einmal die Hälfte der Kinder auf passenden Stühlen sitzen – und das auch in Zeiten der „Bewegten Schule" und geöffneter Unterrichtsformen über einen beträchtlichen Teil des Schulvormittags. Es muss daher den Schulmöbeln insgesamt große Aufmerksamkeit gewidmet werden. Die durch das Sitzen auf falschen Stühlen angerichteten Schäden sind Ursache für die Rückenprobleme vieler Erwachsener.

Zunächst sollte man Stühle der Größen 0. bis 3. Jahrgang im Klassenzimmer haben. Wenn die Kinder einige Tage in der Schule sind, muss kontrolliert werden, ob sie auf annähernd ihrer Körpergröße angemessenen Plätzen sitzen. Da Kinder, wenn sie nicht richtig sitzen, dazu neigen, sich selbst Entlastung zu schaffen, beginnen sie mit dem Stuhl zu „kippeln". Manchmal hilft es ein wenig, wenn die Kinder „verkehrt herum", also mit Brust und Bauch an der Rückenlehne sitzen dürfen.

Sitzbälle

Sehr gute Dienste leisten auch Sitzbälle, von denen ein bis drei Stück in jeder Klasse vorhanden sein sollten. Es gibt sie inzwischen auch mit einem Gestell, das eine niedrige Rückenlehne hat. Hier wäre es vielleicht eine dankbare Aufgabe für den Schulförderverein, auf Sponsorensuche zu gehen, um Sach- oder Geldspenden zu erhalten. Gelegentlich sind auch Krankenkassen – die im Übrigen oft über hilfreiches Informationsmaterial zum „gesunden Sitzen" verfügen – bereit, einige Ansichtsexemplare kostenlos zur Verfügung zu stellen.

2 Die Einschulung

2.1 Einschulungsfeier

Erwartungen der Kinder

Einschulungsfeiern werden durch Ansprachen Erwachsener und Darbietungen älterer Schulkinder für Schulanfängerinnen und Schulanfänger häufig zu einer Geduldsprobe. Die Sechs- bis Siebenjährigen wollen an diesem Tag vor allem als Schulkinder in ihrer Schule ankommen und aufgenommen werden, ihr Klassenzimmer und ihre Lehrkraft kennen lernen und vor allen Dingen mit dem Lernen beginnen. Die Gestaltung des ersten Schultages muss sich an diesen Ansprüchen der Kinder orientieren: Länger als 30 bis höchstens 40 Minuten sollte keine Feier dauern.

Organisation mit dem gesamten Kollegium

Um das Angebot zu entzerren und im Sinne der Schulanfänger zu planen, ist es vor allem notwendig, im Kollegium Vereinbarungen zu treffen. Die Planung muss unmittelbar nach den Halbjahreszeugnissen einsetzen. Dann ist im Kollegium Zeit für gemeinsame Erörterungen des Themas „Einschulung". Grundsätzlich ist der Schulanfang ebenso wie der Einschulungstag eine Sache des gesamten Kollegiums, deshalb sollte seine Organisation nicht ausschließlich von den künftigen Erstklass-Lehrkräften übernommen werden, sondern grundsätzlich alle einbeziehen. Das ist auch deswegen notwendig, weil selten schon im Februar feststeht, wer ein erstes Schuljahr übernehmen wird.

Begrüßung durch die Schulleitung

Die Begrüßung der Erstklässlerinnen und Erstklässler findet im Rahmen eines Empfangs in der festlich geschmückten Aula oder einem anderen geeigneten, zentralen Raum der Schule statt.

Zunächst begrüßt die Schulleiterin oder der Schulleiter die Kinder. Dieser Willkommensgruß sollte sich auf wenige herzliche Sätze beschränken und vielleicht mit der Aufforderung an die Kinder verbunden sein, sich zu bewegen, z. B.: „Die Kinder aus der Katzenklasse stehen bitte einmal auf, damit wir alle wissen, wer zur Katzenklasse gehört. Die Kinder aus der Hasenklasse winken den Katzen-Kindern zu." So kehrt ein wenig Entspannung ein.

Worte an die Eltern sollten aus oben genannten Gründen erst gesprochen werden, wenn die Kinder mit ihren Lehrkräften in die Klassenräume gegangen sind.

Vorführung älterer Schulkinder

Ein Spiellied oder eine kurze Theater-Vorstellung, einstudiert von älteren Kindern, Lehrkräften oder Mitgliedern des Schul-Fördervereins, rundet diesen ersten Teil der Veranstaltung ab. Der Inhalt sollte auf die Schulanfängerinnen und -anfänger und den Anlass abgestimmt sein (vgl. Anhang Liedvorschläge: Lieder zur Einschulung).

Gerne bereiten die älteren Schulkinder solche Vorführungen vor. Damit die „Neulinge" immer wieder Begegnungen mit älteren Kindern erleben, können diese Darbietungen auch auf die ersten zwei oder drei Schulwochen verteilt werden. Am Beginn oder als Abschluss jeden Schultages könnte so eine Begegnung im Forum der Schule stattfinden. Dabei lernen die „Kleinen" ältere Schülerinnen und Schüler kennen oder begegnen ihren älteren Freunden. Sie spüren deren Wertschätzung, denn alles ist vorbereitet, um ihnen eine Freude zu machen. Diese Begegnungen im geschützten Raum ermöglichen allen Kindern ein entspanntes Miteinander – im Gegensatz zu den oft unfreundlichen Begegnungen in der Hofpause. Das fördert von Anfang an ein Zusammengehörigkeitsgefühl aller Kinder einer Schule und leistet dadurch einen Beitrag zur Gewaltprävention.

Einteilung in Klassen

Wenn Eltern und Kinder bereits vor dem ersten Schultag erfahren haben, welches Symbol die eigene Klasse hat, ist es einfach und nicht zeitaufwändig, die Kinder nach diesen Symbolen geordnet aufzurufen und in den jeweiligen Klassenraum zu führen.

Erst jetzt ist die Zeit für Informationen der Schulleitung an die Eltern gekommen.

Betreuung der Eltern und Geschwister

Im Anschluss daran beteiligen sich die Mitglieder eines Schulfördervereins gerne an einer Betreuung von Eltern und Geschwisterkindern. Sie halten Saft und Kaffee und vielleicht selbst gebackene Plätzchen bereit. Lehrkräfte bieten einen Rundgang durch Schulgebäude und Schulgelände an. Dabei entstehen zwischen Eltern und Lehrkräften der Schule bereits erste Kontakte.

2.2 Gestaltung der ersten Schulstunde

Vorbereitete Materialien

Im Klassenzimmer angekommen, begrüßt die Klassenlehrerin bzw. der Klassenlehrer jedes Kind persönlich und bittet es, sich einen Platz auszusuchen. Für die Ankunft der Schulneulinge vorbereitete Materialien, die in der ersten Stunde verwendet werden sollen, liegen auf den Tischen bereit, z. B. Knetmasse und Knetunterlagen, Buntstifte, Malpapier, Buchstabenwürfel usw. oder Bilder und Gegenstände, die mit dem ersten Buchstaben der Fibel beginnen.

Mit dem Lernen beginnen

Die erste Unterrichtsstunde sollte sich deutlich von der Kindergartenarbeit unterscheiden, denn die Kinder erwarten nun etwas Neues tun zu dürfen. Sie verbinden mit Schule Lesen, Schreiben und Rechnen und wollen am liebsten gleich mit dem Lernen beginnen. Am Ende der Stunde sollen sie das Gefühl mitnehmen, etwas dazugelernt zu haben, von dem sie ihren Eltern und Geschwistern erzählen und das sie vorzeigen können (insbesondere zur Gestaltung der ersten Schulstunde vgl. auch: Häring, H.-G./Kowalczyk, W.: Das fängt ja gut an! Das kleine Buch zum Schulanfang. Lichtenau: AOL 2002).

Begrüßungslied

Mit einem Begrüßungslied, das die Kinder schon im Kindergarten mit Blick auf den Übergang zur Schule gelernt haben, könnte die Stunde beginnen. Alternativ kann aber auch ein kurzes Begrüßungslied neu einstudiert werden mit der Verabredung, dieses Lied jeden Morgen zu Beginn gemeinsam zu singen, damit alle Kinder wissen: Nun fangen wir an (vgl. Anhang Liedvorschläge: Begrüßungslieder).

Die Kinder interessiert immer sehr, etwas über ihre Lehrkraft zu erfahren. Deshalb stellt sie sich den Kindern kurz persönlich vor.

Falls es zum Leselehrgang eine Handpuppe gibt, könnte sie in diese erste Unterrichtsstunde einbezogen werden: Sie begrüßt die Kinder und stellt sich als Begleitung für das Jahr vor.

Begrüßungsspiel

Ein Begrüßungsspiel hilft eine anfängliche Befangenheit der Kinder aufzulösen und die Situation vor allem dann zu entlasten, wenn die Kinder aus verschiedenen Kindergärten in einer Klasse zusammenkommen, zum Beispiel: Die Kinder bewegen sich zu ruhiger Musik im Klassenraum ohne einander zu berühren. Geeignet sind Instrumentalstücke, weil sie die Kinder nicht durch Text vom Sinn des Spiels, einander kennen zu lernen, ablenken. Wenn die Musik von der Lehrkraft unterbrochen wird, begrüßen sich immer zwei Kinder: Sie geben einander die

Hand (oder: verbeugen sich voreinander oder: nennen ihren eigenen Namen und fragen nach dem des anderen Kindes). Die Lehrkraft sagt bei jeder Unterbrechung an, wie die Kinder ihr Gegenüber begrüßen sollen.

Arbeitsphase

Schwerpunkt der Arbeitsphase kann das Thema „Von Anfang an in Büchern lesen" sein.

Da die Aufmerksamkeit der Kinder an ihrem ersten Schultag sehr begrenzt ist und viel Neues auf sie einstürmt, ist die Buchauswahl von besonderer Bedeutung. Es sollte ein Buch ausgewählt werden, bei dem nach maximal 10 Minuten ein sinnvoller Schnitt gemacht werden kann. Die Unterbrechung des Vorlesens und die Ankündigung, in diesem Buch am nächsten Schultag weiterzulesen, ermöglicht von Anfang an eine Hinführung zum Ritual des täglichen Vorlesens (geeignete Vorlesebücher für den Schulbeginn vgl. Anhang Literaturliste: Bücher zum Vorlesen und Selberlesen).

Beispiel: „1, 2, 3 ein Zug zum Zoo"

Wie der Beginn gemeinsamen Lesens und Erzählens gestaltet werden könnte, ist hier exemplarisch dargestellt an der Arbeit mit dem Buch „1, 2, 3 ein Zug zum Zoo" von Eric Carle (kurze Zusammenfassung im Anhang Literaturliste).

Dieses Buch bietet durch seinen klar gegliederten Aufbau die Möglichkeit, ein mehrere Fächer verbindendes Projekt am ersten Schultag zu beginnen. Carles Geschichte ist jederzeit zu unterbrechen, am nächsten Tag wieder aufzunehmen und weiterzuführen. Die Beschäftigung mit diesem Buch könnte deswegen als Leitmotiv für die Gestaltung nicht nur der ersten Schulstunde, sondern der ersten Schulwoche eingesetzt werden.

Die Kinder betrachten nach dem Vorlesen gemeinsam ein Bild, erzählen dazu, zählen und benennen die Tiere und berichten, welche Tiere sie bereits im Zoo gesehen haben.

Materialien

Die Lehrkraft hat folgende Materialien vorbereitet:

→ Bilder der vorgestellten Tiere,
→ Karten mit den Bezeichnungen der Tierarten,
→ Karten mit den Anlauten und
→ Karten mit den Zahlen von 1 bis 10.

Nach der Einführung und der mündlichen Arbeit

Aktivitäten der Kinder

→ schreiben die Kinder entweder die Zahlen oder die Tierarten oder die Anfangsbuchstaben auf DIN A4-Blätter (oder in ein von ihnen mitgebrachtes großes unliniertes Heft) oder sie
→ malen eines der Tiere und schreiben den Anfangsbuchstaben dazu oder sie
→ versuchen, sich zu merken, wie viele verschiedene Tiere sie kennen gelernt haben, oder sie
→ formen aus Knetmasse ein Tier und die entsprechende Zahl dazu.

Es ist wichtig, dass die Lehrkraft nicht mehr als zwei dieser Aufgaben zur Auswahl stellt. Viele Kinder müssen erst lernen, selbstständig Entscheidungen zu treffen und auf diesem Weg schrittweise begleitet werden.

Die schriftlichen Arbeitsergebnisse stecken die Kinder in eine Mappe, damit sie sie zu Hause zeigen, daran weiterarbeiten und sie am nächsten Schultag im Klassenzimmer aushängen können.

Exkurs:
Fortsetzung der Arbeit am Buch „1, 2, 3 ein Zug zum Zoo" von Eric Carle

- Vielleicht haben Kinder Tierbücher zu Hause (oder es stehen welche in der Schulbibliothek), in denen Tiere aus Eric Carles Buch ebenfalls zu entdecken sind.
- Die Verbindung zum Mathematikunterricht ergibt sich aus der unterschiedlichen Anzahl der Tiere: Die Kinder vergleichen die Mengen der Tiere und verwenden dabei die erforderlichen Satzmuster: Es gibt weniger Elefanten als Bären. Es gibt mehr ... als ...
- Die Kinder malen gemeinsam einen ähnlichen Zug und würfeln die Anzahl der Tiere, die in dessen Wagen mitfahren. Wird der Zug groß genug gemalt und auf Pappe geklebt, hat die Klasse gleich ihr erstes eigenes Spiel hergestellt.
- Das Buch kann im Kunstunterricht als Vorlage für eine Collage zu diesem Thema dienen. Zur Schulung der Feinmotorik ist es gut, die Kinder Papiere reißen zu lassen, um Tierformen zu gestalten. Dabei Carles Technik aufzugreifen und die Tiere aus Kleisterpapier schneiden oder reißen zu lassen, erfordert zunächst die Herstellung dieses Papiers – was auch für Schulanfänger nicht schwierig ist: Tapetenkleister nach Packungsanweisung anrühren, ein Zeichenblatt damit vollständig einstreichen, mit Wasserfarben bemalen und vor dem Zerschneiden bzw. Zerreißen unbedingt ganz trocknen lassen.

Beispiel: Arbeit mit den Namensschildern

Die Arbeit mit den Namensschildern der Kinder bietet sich alternativ oder zusätzlich an – der verfügbare Zeitrahmen wird die Entscheidung beeinflussen.

Die Namensschilder sind von der Lehrkraft beidseitig beschriftet: Auf einer Seite steht der jeweilige Name in Großbuchstaben, auf der Rückseite in der Gemischtantiqua (zum Gestalten mit Buntstiften sind Hohlbuchstaben nützlich). Jedes Schild ist mit einem Band zum Umhängen versehen.

Folgende Übungen können damit durchgeführt werden:

→ Jedes Kind sucht sein Namensschild und erklärt, woran es den eigenen Namen erkannt hat. Die Lehrkraft klebt das passende Anlautbild auf die Namenskarte. Die Kinder entdecken vielleicht allein die Funktion der Bilder.

→ Jedes Kind hängt sich sein Namensschild um. Aus einem Behälter, der ein weiteres Namensschild für jedes Kind enthält, ziehen die Kinder je ein Schild. Sie gehen damit durch die Klasse und suchen das Kind, dessen Namensschild sie nun sichtbar in der Hand halten. In einem sich anschließenden Gespräch reflektieren die Kinder, wem sie das gezogene Schild gegeben haben, woran sie den Namen erkannt haben usw.

→ Eine Hausaufgabe dazu könnte sein, den eigenen Namen schön groß mit verschiedenen Farben zu schreiben. Wer das noch nicht sicher kann, hat in der Namenskarte eine Vorlage und kann davon abschreiben.

Abschiedslied

Zum Abschluss ihrer ersten Schulstunde räumen die Kinder ihren Platz auf, bevor sie sich hinter den Stuhl stellen. Ein Abschiedslied gemeinsam zu singen kann als festes Ritual schon an diesem Tag begonnen werden. Auch hier können Informationen aus dem Kindergarten hilfreich sein, um ein allen Kindern bekanntes Schlusslied schon am ersten Tag singen zu können (Anhang Liedvorschläge: Schlusslieder).

Schlusskreis

Eine andere Möglichkeit ist es, dass sich die Kinder im Schlusskreis treffen. Sie reichen einander die Hände. Ein Kind beginnt und verabschiedet sich von seinem linken (oder rechten) Nachbarn: „Auf Wiedersehen, Michael.“, Michael führt das Spiel fort: „Auf Wiedersehen, Anna!“ usw. – bis der Kreis geschlossen ist und sich jedes Kind von einem anderen verabschiedet hat.

Vor dem Verlassen des Klassenzimmers verabschieden sich die Kinder einzeln von der an der Klassentür wartenden Lehrkraft.

Die Eltern nehmen ihre Kinder nach Beendigung der Stunde entweder vor der Klassentür (was sehr störend sein kann) oder an einem für alle späteren Tage festgelegten Treffpunkt auf dem Schulgelände in Empfang.

3 Die ersten Schultage

Sicherheit durch Vertrautes

Beim Eintritt in die Schule hat jedes Kind eine Vielfalt neuer Eindrücke zu verarbeiten. Die Planung des Unterrichts erfordert deshalb besondere Sorgfalt. Die Kinder brauchen die Sicherheit, an jedem Tag auf Vertrautes zurückgreifen zu können, indem sie in den vorangegangenen Stunden Gelerntes anwenden. Die Erweiterung der Fähigkeiten, Erkenntnisse und Fertigkeiten muss so aufgebaut sein, dass die Kinder Zusammenhänge zwischen Bekanntem und Neuem herstellen können, zum Beispiel:

1. Tag: Einführung der Anlauttabelle: Benennen der Bilder,
2. Tag: Wiederholen der Bildbenennung, Suchen von Bildern auf der Anlauttabelle nach Ansage,
3. Tag: Orientierungsübung auf der Anlauttabelle: Verbinden von Bild und Anlaut (akustische Analyse) bei wenigen prägnanten Lauten.

Ausgewogenes Verhältnis zwischen selbstgesteuertem und angeleitetem Lernen

Lernen findet von Anfang an sowohl mit der gesamten Klasse als auch in kleinen Gruppen als auch allein statt. Selbstgesteuertes und angeleitetes Lernen müssen dabei in einem ausgewogenen Verhältnis stehen. So haben die Kinder die Möglichkeit, in ihrem eigenen Arbeitstempo und auf ihrem individuellen Niveau zu arbeiten, aus einem Lernangebot etwas auszuwählen und selbstständig zu bearbeiten. Sie lernen aber auch, in kleinen Gruppen Aufgaben zu erfüllen. Wenn die Lehrkraft nach Schwierigkeit differenzierte Lernmaterialien anbietet, machen sie die Erfahrung, dass nicht alle zu jedem Zeitpunkt an der gleichen Aufgabe arbeiten müssen. Phasen gemeinsamer Arbeit wiederum haben das Ziel, bestimmte Inhalte gemeinsam kennen zu lernen und verbindliche Absprachen miteinander festzulegen.

Bei jeder Form des Lernens ist es wesentlich, dass die Kinder eine genaue Anleitung bekommen, wie sie die ausgewählten Aufgaben beginnen und bearbeiten können.

Auf diese Weise finden vom ersten Tag an auch die Entwicklung von Sozialverhalten sowie die Einsicht in Ordnungskriterien im Klassenraum statt. Zudem lernen die Kinder, dass es selbstverständlich ist, auf unterschiedlichen Wegen zu Arbeitsergebnissen zu kommen.

3.1 Rhythmisierung des Schultags

Phasen der Anspannung und der Entspannung

Der Verlauf eines Unterrichtsvormittags gliedert sich für Schulanfänger in Phasen der Anspannung und Phasen der Entspannung. Nicht der 45-Minuten-Takt sollte den Unterricht bestimmen, sondern die Wahrnehmung der Lehrkraft: Sie allein ist in der Lage zu erkennen, wie lange die Kinder konzentriert an einer Sache arbeiten können, und kann dementsprechend die Dauer der einzelnen Unterrichtssequenzen flexibel anpassen. Für konzentriertes Arbeiten sollten anfangs nicht mehr als 15 bis 20 Minuten eingeplant werden. Diesen Erkenntnissen folgend läutet in vielen Grundschulen die Glocke nur noch, um Beginn und Ende der für alle Klassen gemeinsamen Hofpausen anzuzeigen.

Gliederung des Schulvormittags

Vom ersten Tag an wird jeder Schulvormittag in unterschiedlich lange Zeitabschnitte aufgeteilt, zum Beispiel:

- → Gleitender Unterrichtsbeginn,
- → Morgenkreis/Gemeinsamer Beginn,
- → Erste konzentrierte Lernphase/Fachgebundener Unterricht,
- → Gemeinsames Frühstück im Klassenzimmer/Große Pause,
- → Zweite konzentrierte Lernphase/Fachgebundener Unterricht,
- → Abschluss/Verabschiedung.

Symbole für die Zeitabschnitte

Die Lehrkraft kopiert die Symbole für die einzelnen Zeitabschnitte (vgl. KV 10: *Symbole für den Tagesablauf*), schneidet sie einzeln aus und befestigt sie nach dem Laminieren nebeneinander an der Tafel. Die Kinder lernen auf diese Weise die Reihenfolge der Symbole kennen: Immer wenn eine Phase beendet ist, entfernt die Lehrkraft oder ein Kind das entsprechende Symbol. Auf diese Weise lernen die Kinder allmählich abzuschätzen, wie viel sie schon gearbeitet haben und welcher Teil noch vor ihnen liegt. Sollte sich eine Notwendigkeit für einen anderen Ablauf ergeben, haben die Kinder die Möglichkeit, sich darauf einzustellen und sich mithilfe der Symbole Gewissheit zu verschaffen.

Ein solcher äußerlich gleichförmiger Ablauf eines jeden Schultags begleitet Lehrkräfte und Kinder durch das gesamte Schuljahr. Dieser Rahmen bietet jedem Kind – bei aller Vielfalt der Inhalte – die grundsätzliche Orientierung.

Gleitender Unterrichtsbeginn

Arbeitsfähigkeit herstellen

Die Kinder warten nicht vor dem Schulgebäude auf ein Klingelzeichen, um dann in das Klassenzimmer zu stürmen, sondern sie gehen gleich nach ihrem Eintreffen in ihren Klassenraum.

Dort ziehen sie sich Hausschuhe an, bringen ihre Schulsachen an ihren Platz und haben Zeit, Lehrerin und Mitschüler zu begrüßen, Privates zu besprechen, Neuigkeiten auszutauschen, sich einer Arbeit oder einem Spiel zuzuwenden. Sie haben das, was sie bewegt, ausgesprochen, vielleicht auch der Lehrkraft erzählt und können sich nun besser auf die Lerninhalte konzentrieren – die Arbeitsfähigkeit ist hergestellt.

Morgenkreis/Gemeinsamer Beginn

Begrüßung

Auf ein verabredetes Zeichen hin – das kann ein Glissando sein oder eine einprägsame Tonfolge auf dem Glockenspiel oder auch nur die erhobene Hand der Lehrkraft – erkennen die Kinder, dass nun der Morgenkreis beginnt (vgl. 4.1 Den Schultag beginnen). Nach einer kurzen Begrüßung singen entweder alle zusammen ein „Guten-Morgen-Lied“ (vgl. Anhang Liedvorschläge: Begrüßungslieder) oder es wird eine Geschichte vorgelesen. Hier haben in den ersten Schultagen auch Spiele zum Kennenlernen ihren Platz (vgl. 3.2 Spiele zum Kennenlernen).

Atmosphäre schaffen

Für den gemeinsamen Tagesbeginn kann durch verschiedene Gestaltungselemente eine beruhigende Atmosphäre geschaffen werden, wobei es sich anbietet, sich von den Jahreszeiten und Festen im Jahreslauf anregen zu lassen: Im Herbst steht in der Mitte der Erzählrunde vielleicht ein Korb mit Früchten aus Feld und Wald. Im November erhellt eine Laterne den Raum, im Dezember ist der große Korb mit bunten Päckchen auf dem Teppich der Blickpunkt ...

Ein besonderes Tuch, das auf dem Teppich ausgebreitet wird und auf dem Gegenstände wie ein besonders schöner Stein oder ein Kristallanhänger oder einfach nur ein Glas mit einem Teelicht aufgestellt werden können, vervollständigt die Ausstattung des Raums an den Tagen, an denen sich kein besonderes Thema für den Morgenkreis anbietet. Durch diese wechselnden Mittelpunkte entsteht eine auf die Kinder beruhigend wirkende Stimmung, die dazu beiträgt, dass sie sich in ihrem Klassenraum wohl fühlen.

Tagesprogramm besprechen

Im Morgenkreis wird anhand der oben genannten Symbole auch das Programm des Tages erörtert.

Außerdem ist es sinnvoll, an dieser Stelle Wochentags- und Monatsschilder (oder einen Abreißkalender) zu benutzen. Das Datum schreibt jeden Tag ein anderes Kind an die Tafel, um so systematisch an die Wochentage und Monatsnamen heranzuführen.

Zeitgefühl entwickeln

In jedem Klassenraum sollte zudem eine analoge Uhr die genaue Zeit anzeigen – sehr schlichte, aber genau gehende Uhren gibt es für wenige Euro zu kaufen. Die Uhr sollte bei 8 Uhr (falls das der Beginn des Unterrichts ist) eine grüne Markierung bekommen. Das zeigt den Kindern: Wenn der kleine Zeiger genau am grünen Punkt steht, beginnt die Arbeit. Eine rote Markierung liegt bei 13 Uhr (falls um 13 Uhr Schulschluss ist). Steht der kleine Zeiger genau dort, endet der Unterricht. In der ersten Zeit fragen Kinder oft: „Wie lange dauert die Schule noch?“ Die Frage ist schwer zu beantworten, weil Kinder kaum eine Zeitvorstellung haben. Ein Hinweis auf die Markierungen auf der Uhr „So lange haben wir schon gearbeitet. Wenn der kleine Zeiger die rote Marke erreicht hat, hören wir auf zu arbeiten.“, mag helfen. Die Kinder werden empfinden, dass die Zeit von Tag zu Tag unterschiedlich schnell vergeht. Eine erste Beziehung zu den Themen „Zeit“ und „Zeit messen“ wird auf diese Weise hergestellt.

Erste konzentrierte Lernphase/Fachgebundener Unterricht

Selbstgesteuertes oder angeleitetes Lernen

Bis zum gemeinsamen Frühstück bearbeiten die Kinder differenzierende Übungen zu neuem Unterrichtsstoff, nach deren Fertigstellung nehmen sie Möglichkeiten freier Selbstbeschäftigung wahr, zum Beispiel in einer der eingerichteten „Ecken“ des Klassenraumes.

Sind die Kinder noch nicht so weit, dass sie in geöffneten Unterrichtsphasen selbstgesteuert arbeiten können, ist die Zeit bis zum gemeinsamen Frühstück dafür geeignet, allen Kindern zusammen sowohl neuen Unterrichtsstoff zu erklären als auch neue Übungs- und Arbeitsformen einzuführen. Grundsätzlich ist dabei zu bedenken, dass nicht alle Kinder denselben Unterrichtsstoff in derselben Zeitspanne abschließend bearbeiten können. Daher ist es notwendig, bei der Gestaltung von Arbeitsaufgaben differenzierende Angebote vorzubereiten. Wichtig ist außerdem, dass in der Abschlussphase der Arbeit sowohl die Ergebnisse der langsam lernenden und arbeitenden Kinder als auch derer, die anspruchsvolle Aufgaben erledigt haben, vorgetragen und entsprechend gewürdigt werden.

Gemeinsames Frühstück im Klassenzimmer/Große Pause

Geschichten hören beim Essen

Die Pausenzeit beginnt mit dem gemeinsamen Frühstück im Klassenraum (vgl. 4.2 Gemeinsam frühstücken). Vor der großen Pause räumen die Kinder ihre Schulsachen weg. Abwaschbare Platzdecken werden vor dem Auspacken des Frühstücks ausgebreitet, um diesen Abschnitt des Vormittags sichtbar von der Arbeit abzugrenzen und ein wenig an Tischkultur zu erinnern.

Die Lehrkraft liest, während die Kinder essen, eine Geschichte vor oder erzählt eine Geschichte, die sie sich zu einem von den Kindern genannten Stichwort ausdenkt. Anfangs sind es kleine abgeschlossene Geschichten (als „Zuhör-Training"), mit der Zeit werden Fortsetzungsgeschichten bei den Kindern beliebt. Sie motivieren, schon beim Aufräumen nicht zu langsam zu sein, damit mehr Zeit zum Vorlesen zur Verfügung steht (vgl. Anhang Literaturliste: Bücher zum Vorlesen und Selberlesen).

Bewegung in der Pause

Die Hofpause schließt sich an. Ohne Pausenbrot in der Hand können die Kinder ihrem Bewegungsdrang freien Lauf lassen.

An manchen Schulen gibt es Pausenspiele. Sie lassen sich aber auch problemlos selbst beschaffen, indem man bei den Eltern um Spielzeug bittet. Geeignete Pausenspiele für den Hof sind Seile, Bälle in verschiedenen Größen, Diabolos, Family-Tennis, Beach-Ball, Straßen-Malkreide oder Jonglier-Teller. Eine in jeder Klasse vorhandene Pausenspielkiste kann solche Spiele enthalten, die die Kinder dann mit in die Pause nehmen. Wenn alle Kolleginnen und Kollegen in gleicher Weise verfahren, entstehen keine Konflikte um das Spielzeug.

An vielen Schulen ist es üblich, die Kinder entscheiden zu lassen, ob sie drinnen oder draußen spielen. Dagegen ist nichts einzuwenden, wenn es genügend Aufsichtspersonen für den Innenbereich gibt. Klare Vereinbarungen sind hier wichtig: Klassenraum und Flur erlauben nur ruhigere Spiele wie Puppentheater oder Gesellschaftsspiele. Zum Toben, Rennen und Ballspielen ist draußen Platz.

Zweite konzentrierte Lernphase/Fachgebundener Unterricht

Phasen der Anspannung und der Entspannung

Nach der Pause findet wieder gemeinsame Arbeit im Klassenzimmer, vielleicht auch auf Arbeitsplätzen im Flur vor dem Klassenraum oder in einem Gruppenraum statt. In diesem Abschnitt des Schulvormittags ist es besonders wichtig, dass sich Phasen der Anspannung und der Entspannung abwechseln. Der Entspannung dienen Phantasiereisen, Fingerspiele, Sprechspiele, Lieder mit Bewegung usw. (vgl. Anhang Liedvorschläge: Bewegungslieder). Die Kinder bearbeiten die ihnen zugänglichen Arbeitsangebote für diese kurzen frei verfügbaren Zeitabschnitte allein oder in kleinen Gruppen. Sie erhalten Zeit zur individuellen Verfügung, um sich mit Dingen zu beschäftigen, die ihnen wichtig sind, z. B. mit Experimenten in der Sachthemen-Ecke oder mit Spielen in der Mathe-Ecke, und bekommen damit von Anfang an die Möglichkeit, selbstständig Entscheidungen zu treffen und das Lernen zu lernen.

Es gibt jedoch zunehmend Kinder, die erst lernen müssen, sich für etwas zu entscheiden und dann zu ihrer Entscheidung zu stehen, d. h. die gewählte Aufgabe zu Ende zu führen.

In solchen Fällen kann es sinnvoll sein, alle Kinder zusammenzufassen zur Arbeit und nur die Kinder, die durch gleichschrittige Arbeit unterfordert sind, mit differenzierenden Aufgaben zu demselben Thema herauszufordern. Beim Vortrag der Arbeitsergebnisse im Plenum haben dann alle Kinder die Chance, von deren Arbeit zu profitieren.

Abschluss/Verabschiedung

Rückbesinnung auf die Arbeit des Tages

Etwa 20 Minuten vor dem Ende des Schultags, nach dem Aufräumen der Arbeitsplätze, setzen sich Kinder und Lehrkraft noch einmal gemeinsam in den Kreis. Es kehrt Ruhe ein für die Rückbesinnung auf die Arbeit des Tages. Fragen führen noch einmal durch den Tag:

→ Was haben wir heute gemacht?
→ Was ist nicht fertig geworden?
→ Wo machen wir morgen weiter?
→ Was arbeiten wir zu Hause?
→ Was ist für den nächsten Tag vorzubereiten?
→ Was hat euch an diesem Tag besonders gefallen?
→ Was hat keinen Spaß gemacht?

„Roter Faden“ durchs Schuljahr

Als Ritual zum Tagesabschluss schreibt zu Anfang des Jahres die Lehrkraft etwas Besonderes, das an diesem Tag von allen bemerkt worden ist, mit dem Datum versehen auf eine bunte Karte. Ein Kind hängt sie an ein diagonal durch das Klassenzimmer gespanntes rotes Band, zum Beispiel: „Heute haben wir uns gut miteinander vertragen.“ Oder: „Tina hat ihren Hamster mitgebracht.“ Oder: „Nun rechnen wir bis 10.“ Später übernehmen Kinder beide Aufgaben. An diesem „roten Faden“ wird für die Kinder vom ersten Schultag Zeit wahrnehmbar: Zeit vergeht, wir haben sie sinnvoll gefüllt, wir haben gearbeitet. Am Ende des Schuljahres sind die Karten an dem Band eine schöne Erinnerung.

Schlusslied

Vor dem Verlassen des Klassenzimmers stellen sich die Kinder dann hinter ihre hochgestellten Stühle, werden noch einmal ganz still und spüren, wie gut die kurze Ruhe tut. Nach dem Schlusslied (vgl. Anhang Liedvorschläge: Schlusslieder) verabschieden sich Kinder und Lehrkraft voneinander.

3.2 Spiele zum Kennenlernen

Spiele mit den Namen der Kinder

Vorstellung im Kreis
Die Kinder sitzen im Kreis. Ein Kind geht mit einem Ball herum und stellt sich vor, indem es den Ball abgibt: „Ich heiße Julius und wie heißt du?“ Das Kind antwortet, nimmt den Ball und macht weiter. Die Plätze werden getauscht.

Spinnennetz
Die Kinder sitzen im Kreis. Ein Kind bekommt ein Wollknäuel und beginnt: „Ich reiche das Wollknäuel zu Elena.“ Das angesprochene Kind hält den Faden fest und reicht das Knäuel an ein anderes, wiederum namentlich benanntes Kind weiter, das seinerseits den Faden festhält, so dass allmählich ein Spinnennetz entsteht. Im „Rückwärtsgang“ kann das Netz entwirrt und aufgelöst werden.

Hatschi-Bratschi
Die Kinder sitzen im Stuhlkreis. Ein Kind verlässt den Raum. Der frei gewordene Stuhl wird aus dem Kreis entfernt. Ein Kind bekommt den Namen Hatschi-Bratschi. Das draußen wartende Kind wird hereingerufen. Es fragt nun alle Kinder nach ihrem Namen. Bei der Antwort „Hatschi-Bratschi“ tauschen alle Kinder schnell die Plätze, wobei das Kind aus der Kreismitte versuchen muss, einen Platz zu ergattern. Ein anderes Kind bleibt übrig. Das Spiel beginnt von vorne.

Wer fehlt?
Die Kinder sitzen im (Stuhl-)Kreis. Zwei Kinder kommen in die Mitte und sehen sich alle Kinder genau an. Dann verlassen sie das Zimmer. Die übrigen Kinder bestimmen ein Kind, das sich verstecken soll, und wechseln ihre Plätze. Die Kinder, die vor der Tür warten, werden hereingerufen und müssen erraten, welches Kind fehlt. Hilfen können sein: Beschreibung von Kleidung, Haarfarbe usw.

Ich bin jetzt – in der Schule – und denke – an …
Alle Kinder sitzen im Stuhlkreis. Ein Stuhl ist leer. Das Kind, das links neben dem freien Stuhl sitzt, spricht den Satzteil „Ich bin jetzt“ und rutscht auf den leeren Stuhl nach rechts. Die/der Nächste fährt fort mit den Worten „in der Schule“ und rückt ebenfalls weiter. Die/der Dritte ergänzt „und denke“. Die/der Vierte vervollständigt „an Katrin“. Katrin muss nun schnell reagieren und sich auf den leeren Stuhl setzen. Katrins Stuhl wird frei und das Spiel beginnt erneut.

Spiele zur Kontaktaufnahme

Wer gehört zusammen?
Paarweise gleiche Tierkarten werden gemischt an die Kinder verteilt. Die Paare finden sich durch Nachahmung von zu ihrem Tier passenden Geräuschen und/oder Bewegungen.

Atomspiel
Die Kinder bewegen sich nach Musik frei im Raum, wobei die Art der Bewegung (schleichen, auf einem Bein hüpfen …) vorgegeben werden kann. Beim Stopp der

Musik finden sich Gruppen nach angezeigter Menge zusammen: Die Lehrkraft hält eine Karte mit einem Würfelbild oder einer Ziffer in die Luft.

3.3 Orientierung im Klassenzimmer

Persönliche Fächer

Die Orientierung im Klassenraum beginnt damit, dass die Kinder Schulsachen, die sie nicht zu Hause benötigen, in ihre persönlichen Fächer/Eigentumskästen einräumen. Sie lernen, benutzte Materialien aus dem Fach/Eigentumskasten nach Gebrauch sofort wieder an ihren Platz zurückzulegen.

Da nicht alle Kinder ihren Namen erkennen, ist es hilfreich, die Kennzeichnung zusätzlich mit Symbolen vorzunehmen. Hier bieten sich zum Beispiel die Bilder der Anlauttabelle an. So prägen sich diese ein und es entsteht nicht die Notwendigkeit, immer neue Zeichen zu suchen. Die Garderoben-Haken sollten mit denselben Symbolen versehen sein.

Einfache Spiele

Vor allem auch einfache Spiele können die schnelle Orientierung im Klassenzimmer unterstützen, zum Beispiel:

→ Die Kinder schließen die Augen. Die Lehrkraft nennt verschiedene Gegenstände im Klassenzimmer. Die Kinder deuten mit geschlossenen Augen in die entsprechende Richtung. Die Augen werden geöffnet, das Objekt bewusst betrachtet.
→ Die Kinder schließen ihre Augen. Die Lehrkraft fragt: „Wie viele Schränke stehen im Klassenzimmer?", „Welche Farbe hat die Tafel?" usw. Die Kinder beantworten die Fragen, ohne die Augen zu öffnen.

Insbesondere für ausländische Kinder ist es sinnvoll, die wichtigsten Einrichtungsgegenstände immer wieder zu benennen und evtl. auch zu beschriften.

3.4 Orientierung im Schulgebäude

Aufgeklebte Symbole

Die Orientierung besonders in weitläufigen Schulgebäuden fällt den Kindern von Anfang an leichter, wenn Symbole aus Klebefolie auf dem Fußboden oder an den Wänden den Weg weisen: Toiletten (vereinfachte Symbole Mädchen/Junge), Rektorat (Schreibtisch), Lehrerzimmer (Konferenztisch mit Stühlen), Schülerbücherei (Bücher), Sekretärin (PC oder Telefon) sind dann leicht zu finden (vgl. KV 1: *Symbole als Wegweiser;* vgl. auch 1.4 Vorbereitungen vor dem ersten Schultag).

Rundgang

Wichtige Personen lernen die Kinder bei einem ersten Rundgang durch die Schule kennen: die Schulleitung, die Sekretärin, den Hausmeister, Lehrkräfte der Nachbarklassen.

Bei einem Rundgang über das Pausengelände erfahren sie, wo das Pausengelände endet und erproben, welche Spielmöglichkeiten es gibt.

Rallye

Nach einigen Tagen lässt sich das Kennenlernen des Schulgebäudes auch in Form einer Rallye gestalten: Die Kinder suchen paarweise bestimmte, durch Schilder und Richtungspfeile markierte Stationen im Schulgebäude auf und malen ein an der jeweiligen Station befestigtes Bild (z. B. Haus, Mond, Banane) auf ein mitgeführtes Blatt Papier ab. Die Bilder dienen der Kontrolle darüber, dass die Kinder an allen Stationen waren.

3.5 Orientierung in der Schulumgebung/Verkehrserziehung

Unterrichtsgänge

Während eines ersten Unterrichtsganges lernen die Kinder Gebäude aus der engeren Umgebung der Schule kennen, bevor bei weiteren gemeinsamen „Spaziergängen“ allmählich der Orientierungsradius ausgedehnt wird, zum Beispiel auf Häuser, in denen Kinder aus der Klasse wohnen oder andere für Kinder prägnante Stationen.

Falls die Häuser aller Kinder zu Fuß erreichbar sind, macht die Lehrkraft von jedem Kind vor seiner Haustür ein Foto. Die Bilder werden dann in der Schule gemeinsam auf einen vereinfacht dargestellten Ortsplan aufgeklebt.

Grundsätzlich ist es vorzuziehen, in den ersten Wochen bei Unterrichtsgängen immer nur ein Thema zu bearbeiten. Jedes Zuviel an Information stellt eine Sicherung der Ergebnisse des Unterrichtsganges in Frage.

Gehen in der Gruppe

Während dieser Unterrichtsgänge findet immer auch Verkehrserziehung statt:

Ein elementarer Bestandteil der Verkehrserziehung ist es, die Kinder an das geordnete Gehen in der Gruppe zu gewöhnen. Kinder, die Schwierigkeiten haben, sich an Regeln zu halten, gehen in der Nähe der Lehrkraft. Kinder, die zuverlässig und gut zu Fuß sind, bilden den Schluss. Alle Kinder lernen darauf zu achten, den Anschluss an die Gruppe zu halten. Grundsätzlich halten die Kinder an der Spitze an und warten vor dem Überqueren einer Straße, bis die Lehrkraft den Weg abgesichert und das Zeichen zum Gehen gegeben hat. Bei Verstößen gegen vereinbarte Regeln ist es wichtig, sofort einzugreifen.

Verhalten im Straßenverkehr

Die aktive Teilnahme am Straßenverkehr bedeutet mehr als das Kennen von Verkehrsregeln und Verkehrsschildern. Sie fordert ein Kind ganzheitlich. Es muss lernen, sich richtig zu verhalten, indem es Menschen und Situationen beobachtet. Nur so kann es lernen, auf die jeweilige Situation bezogen zu handeln.

Um richtiges Verhalten im Verkehr an die Kinder weiterzugeben, müssen Handlung, Reflexion über die Situation und Transfer miteinander verknüpft werden. Das Rollenspiel ist dafür im Grundschulunterricht die geeignete Form. Im Spiel machen die Kinder Erfahrungen wie:

Spiele zur Verkehrserziehung

→ Wenn ich hören will, aus welcher Richtung ein Geräusch kommt, darf ich mich nur auf dieses eine Geräusch konzentrieren.
  Übungsmöglichkeit:
  Auf dem Pausenhof oder in der Turnhalle gehen die Kinder einzeln oder in kleinen Gruppen mit geschlossenen oder gar verbundenen Augen in die Richtung, aus der sie z. B. Schläge auf dem Tamburin, ein klingendes Glöckchen o. Ä. hören. Die Aufgabe wird schwieriger, wenn zwei oder drei unterschiedliche Geräuschquellen gleichzeitig vorhanden sind, die Kinder aber nur in die Richtung eines vorher benannten Geräusches gehen sollen.
→ Wenn ich mich ohne zu sprechen verständigen will, muss ich unterschiedliche Formen der Mimik und Gestik beherrschen.
  Übungsmöglichkeit:
  Kinder spielen Pantomime. Bilder führen die Kinder ein in die Wahrnehmung von Gestik, Mimik, Körpersprache (vgl.: Molcho, S./Baumgartl, N.: Körper-

sprache der Kinder. Goldmann 1999; Molcho, S.: Körpersprache. Bassermann 2003).

→ Wenn ich mit jemandem Kontakt aufnehmen will, muss ich ihn direkt ansehen.
Übungsmöglichkeit:
In einem „doppelten“ Kreis stehen jeweils zwei Kinder hintereinander. Das hinten stehende Kind hält die Hände auf dem Rücken. Nur ein Kind steht allein. Das allein stehende Kind blinzelt einem anderen – vorn stehenden – Kind zu. Dieses muss nun versuchen, so schnell zu dem blinzelnden Kind zu kommen, dass es nicht vom hinter ihm stehenden Kind festgehalten werden kann, und sich dahinter zu stellen.

Im Unterricht reflektieren die Kinder mit der Lehrkraft ihre Erfahrungen, bevor sie sie in Verkehrssituationen anwenden.

4 Die ersten Schulwochen – Regeln und Rituale für den Schulalltag

Normen für das Miteinander

Leben und Lernen in der Schule bedeutet für die Kinder, über reines Fachwissen hinaus Kompetenzen für das Leben und Arbeiten allein und in einer Gruppe zu erwerben. Es ist Aufgabe von Elternhaus und Schule, den Kindern zu vermitteln, dass es für ein Miteinander Normen gibt, die für alle Menschen verbindlich sind. Diese Normen umfassen einen Kanon von Vorschriften, die Werte wie Achtung vor dem Mitmenschen, Höflichkeit und Freundlichkeit im Umgang miteinander, das Respektieren anderer religiöser Vorstellungen, das Respektieren der Freiheit und des Eigentums anderer sowie die Gleichheit aller Menschen festschreiben.

Sicherheit durch Regeln und Rituale

Im schulischen Alltag geben an diesen Normen orientierte Regeln und Rituale Halt. Sie sind für alle Kinder sowohl im Klassenraum als auch auf dem Pausenhof – und darüber hinaus natürlich ganz allgemein – verbindlich und vermitteln den Kindern Sicherheit für den langen und besonders am Anfang anstrengenden Schultag. Rituale entlasten zudem, weil Vereinbarungen nicht ständig neu getroffen werden müssen (zum Beispiel der Ablauf von Geburtstagsfeiern, die Organisation des Wochenabschlusses usw.).

Regeln und Rituale dürfen jedoch nicht nur eine formale Funktion erfüllen, sie müssen einen für die Kinder erkennbaren Sinn haben und von allen akzeptiert werden. Sollte das nicht der Fall sein, ist es notwendig, alte Vereinbarungen zu überdenken und gegebenenfalls neue zu treffen (vgl. dazu Petersen, S.: Rituale für kooperatives Lernen in der Grundschule. Cornelsen Scriptor 2001).

4.1 Den Schultag beginnen

Belastungen vor Schulbeginn

Viele Kinder haben auf ihrem Schulweg erste Belastungsproben des Tages zu bestehen: Der Verkehr am Morgen verlangt von Fußgängern und Radfahrern höchste Konzentration. Konflikte mit anderen Kindern auf dem Schulweg ebenso wie die Fahrt im Schulbus führen zu Aggressionen. Viele Kinder, die zu Hause wenig Zuneigung, Verständnis und Geborgenheit finden, brauchen im Schulalltag immer wieder besondere Zuwendung. Aus all diesen Gründen ist es notwendig, den Beginn des Schultages nach einem täglich wiederkehrenden Muster ablaufen zu lassen (vgl. 3.1 Rhythmisierung des Schultags). Es hilft den Kindern, Aggressionen abzubauen und zur Ruhe zu kommen, wenn sie sich nicht gleich in die Arbeit stürzen müssen.

Offene Anfangsphase

Während einer offenen Anfangsphase haben sie Gelegenheit, mit der Freundin, dem Freund oder auch der Lehrkraft über das zu sprechen, was sie bewegt oder belastet. Sie haben Zeit, sich interessanten oder am Vortag nicht abgeschlossenen Aufgaben zuzuwenden oder sich mit einem Spiel zu beschäftigen. Auf ein verabredetes Zeichen hin (akustisch oder optisch) treffen sich Kinder und Lehrkräfte im Morgenkreis – bewährt hat sich z. B. eine leise Melodie, die anzeigt, dass die Tätigkeit beendet werden soll. Wenn die Musik endet, treffen sich die Kinder an verabredeter Stelle im Klassenraum – entweder auf einem großen Teppich oder im Stuhlkreis. Hier helfen genau festgelegte Regeln, wie: Kinder, die an den Gruppentischen in der Mitte des Raumes sitzen, tragen ihre Stühle in den Außenkreis; die außen sitzenden Kinder rücken ihre Stühle nur so zurecht, dass alle zusammen einen großen Kreis um alle Tische herum bilden. Jedes Kind geht jeden Tag an denselben Platz. Das gibt Sicherheit, Gedränge und Konflikte entstehen nicht.

Stuhlkreis

Begrüßung

Der Morgenkreis eröffnet viele Möglichkeiten:

- → Ein Begrüßungslied eröffnet den gemeinsamen Tag (vgl. Anhang Liedvorschläge: Begrüßungslieder).
- → Hat die Klasse eine Handpuppe, die sie durch das erste Schuljahr begleitet, kann diese jedes Kind begrüßen. So wird jedes Kind mit seinem Namen angesprochen und fühlt sich wahrgenommen.
- → Zur Begrüßung im Kreis reichen die Kinder einander die Hände und sagen im Chor „Guten Morgen".
- → Blitzlichtartig erzählt jedes Kind, was es erlebt hat oder was es von dem bevorstehenden Tag erwartet.

Thema für den Morgenkreis

Jede Woche kann der Morgenkreis unter ein anderes Thema gestellt werden, zum Beispiel:

- → Buch-Vorstellungen:
  Ein Kind bringt ein Buch mit, das es zurzeit selbst liest oder das ihm vorgelesen wird. Zunächst gibt es eine Zusammenfassung des bereits Gelesenen. Fortgeschrittene Leserinnen/Leser können einen kleinen Auszug zum Vorlesen vorbereiten, andere erzählen von ihrer Lieblingsgeschichte/Lieblingsseite.

→ Gedichtvorträge:
Gedichtvorträge sind besonders geeignet in der Advents- und Osterzeit, vor dem Muttertag usw.
→ Schnellsprechverse
→ Beiträge zum Sachunterrichtsthema:
Das aktuelle Thema regt zum Sammeln und Beobachten an. Die Kinder stellen morgens kurz ihre Entdeckungen vor.
→ Beiträge für den Ausstellungstisch:
Das Thema der Ausstellung wird von den Kindern selbst vorgegeben. Die Kinder oder die Lehrkraft stellen passende Bücher, Bilder, Figuren oder Mitbringsel vom Schulweg vor und breiten diese Dinge auf einem besonderen Tisch aus.

4.2 Gemeinsam frühstücken

Geborgenheit geben

Die gemeinsame Frühstückspause sollte im rhythmisierten Tagesablauf ebenfalls einen festen Platz haben (vgl. 3.1 Rhythmisierung des Schultags).

Längst nicht alle Kinder bekommen ein Frühstück, bevor sie zur Schule aufbrechen. Umso wichtiger ist es, in der Schule Frühstücksrituale einzuführen, die den Kindern auch Geborgenheit vermitteln. Es ist vielerorts üblich, das gemeinsame Frühstück ca. 10 bis 20 Minuten vor Beginn der großen Pause einzunehmen, damit diese dann in ganzer Länge als Bewegungszeit zur Verfügung steht. Denkbar ist aber auch, die Frühstückspause etwa eine Zeitstunde nach Schulbeginn einzuplanen. Wenn Kinder morgens noch nichts gegessen haben, ist die Zeitspanne vom Aufstehen am Morgen bis zur ersten Nahrungsaufnahme sonst zu lang, die Kinder sind dadurch oft unkonzentriert. Diese Frage muss je nach Situation in der Klasse entschieden werden.

Frühstücksrituale

Die Kinder leiten die Frühstückspause ein, indem sie ihre Schulsachen vom Arbeitsplatz räumen. Dann holt jedes Kind sein Platzdeckchen und deckt seinen Tisch. Hat ein Kind kein Pausenbrot mitgebracht, geben ihm die anderen etwas von ihrem Frühstück ab.

Sinnvoll sind Verhaltensregeln, wie: Die Kinder beginnen erst zu essen, wenn alle Vorbereitungen abgeschlossen sind und sie einander „Guten Appetit" gewünscht haben. Während des Frühstücks sprechen sie nur leise miteinander und bleiben an ihrem Platz. Wird jedoch während des Essens vorgelesen, hören die Kinder einfach zu.

Nach dem Frühstück räumen alle ihre Plätze wieder auf und wischen Platzdeckchen und Tische ab.

4.3 Sich streiten und vertragen – Strategien zur Konfliktlösung

Neue Freundschaften und Konflikte

Bis aus einer Klasse eine Gemeinschaft wird, gibt es viele Konflikte, die gelöst werden müssen. Kinder aus unterschiedlichen vorschulischen Einrichtungen treffen aufeinander. Am Anfang bleiben die Gruppierungen der miteinander bekannten Kinder zusammen. Doch mit dem Entstehen neuer Freundschaften können auch Konflikte auftreten, für deren Lösung Lehrkräfte und Kinder miteinander sprechen und gemeinsam nach Strategien und Ritualen suchen müssen (zur Unterstützung dieser Ziele vgl. KV 11, 12 und 13: *Gesichter/Gesten/Körpersprache deuten*).

Konfliktgespräche und Versöhnung

Nach ausführlichen Konfliktgesprächen muss eine abschließende Versöhnung stattfinden, damit allen Kindern das Ende des Konflikts deutlich wird. Einander die Hände zu reichen ist ein den Kindern bekanntes Symbol, nun friedlich miteinander auszukommen. Eine Entschuldigung oder, wenn Personen- oder Sachschäden angerichtet worden sind, eine Wiedergutmachung sind angemessene Formen der Konflikt-Beendigung.

Kindern, denen das Verzeihen schwer fällt, hilft eher die Formel: „Wir versuchen, einander nicht mehr zu ärgern.“ Für die nächste Pause suchen sich diese Kinder andere Mitschülerinnen und Mitschüler aus, mit denen sie spielen wollen und können. Diese Gruppe bemüht sich gemeinsam, keine Situation aufkommen zu lassen, die den Streit neu entfachen könnte. So sind mehrere Kinder in die Konfliktlösung eingebunden und die Belastung ist für die Zerstrittenen nicht allzu groß.

Nicht alle Konflikte müssen vor der Klasse ausgetragen werden. Die Kinder bekommen zunächst den Auftrag, miteinander zu sprechen. Das Gespräch führen sie entweder in einer Ecke des Klassenraums oder sie bekommen, wenn ihnen das lieber ist, Zeit für ein Gespräch draußen vor der Klassentür. Nur wenn die Hilfe der Klasse erbeten wird, suchen alle gemeinsam nach einer Lösung.

4.4 Miteinander sprechen – Gespräche führen lernen

Regeln der Gesprächsführung

Gemeinsame Gespräche setzen voraus, dass die Kinder Regeln der Gesprächsführung kennen gelernt und geübt haben, zum Beispiel:

- → Ich melde mich und rede nur, wenn ich aufgerufen bin.
- → Ich höre zu, wenn jemand redet, und schaue ihn an.
- → Ich lasse den anderen ausreden.
- → Ich stelle Fragen zu dem Vorgetragenen.
- → Ich gebe etwas Neues zu bedenken.

Rituale

Rituale fördern die Gesprächskultur und entwickeln sie weiter: Im Erzählkreis können die Kinder einen Erzählstein oder -stab oder eine Handpuppe weiterreichen, um zu signalisieren: Ich bin fertig mit dem Erzählen, nun bist du an der Reihe. Nur wer Stein (bzw. Stab oder Puppe) in der Hand hält, redet, alle anderen hören zu. Dadurch wird die Kommunikationssituation aufgewertet. Ein besonderer Aufbewahrungsort des Erzählgegenstandes hebt dessen Bedeutung zusätzlich hervor: Er liegt zum Beispiel in einer besonders schön verzierten Schachtel.

Damit nicht immer nur Freunde zum Erzählen aufgerufen werden oder nur redegewandte Mädchen an die Reihe kommen, hilft – falls erforderlich – die Regel, dass sich Jungen und Mädchen in der Reihenfolge abwechseln.

Die Kinder sollten sich darüber hinaus daran gewöhnen, dass im Interesse aller die Redezeit begrenzt werden muss. Nur so haben alle Gelegenheit, zu Wort zu kommen. Damit die Kinder ein Gefühl für die eigene Erzählzeit bekommen, kann – der Länge der gemeinsam verabredeten Zeit entsprechend – eine Sanduhr oder Eieruhr laufen. Unterbrechungen der Rednerin/des Redners durch Fragen sind lästig, wenn eine Redezeit vereinbart ist. Es ist vernünftig, zunächst zu Ende berichten zu lassen. Durch das Melden mit einer Hand zeigen Kinder an: „Ich habe eine Frage dazu!" Meldezeichen mit beiden Händen können bedeuten: „Ich möchte etwas ergänzen." bzw. „Ich habe eine Erklärung dazu."

Begrenzung der Redezeit

4.5 Ungestört arbeiten in freien Arbeitsphasen

Während freier Arbeitsphasen sind Rituale, verbunden mit akustischen oder optischen Zeichen, ebenfalls unerlässlich. Wichtigste Regel der Rücksichtnahme während dieser Phasen ist das Flüstern bzw. Leise sein. Eine an die Wand oder an die Tafel gehängte Karte kann, immer wenn erforderlich, darauf aufmerksam machen.

Akustische oder optische Zeichen

Damit jedes Kind die Sicherheit hat, auch im Klassenraum ungestört arbeiten zu können, sind Zeichen notwendig, die bedeuten: „Ich denke. Ich möchte nun auf keinen Fall gestört werden!" Ein deutliches Zeichen ist beispielsweise eine grell bemalte Kugel, ein gut sichtbarer Holzwürfel auf dem Tisch oder das hochkant aufgestellte Namensschild.

Das Arbeitstempo innerhalb einer Klasse ist sehr unterschiedlich. Schnell arbeitende Kinder, die signalisieren wollen, dass sie als Helferin/Helfer zur Verfügung stehen, können als Zeichen dafür einen Stein oder ein Jongliertuch auf ihren Tisch legen und sich ihr Namensschild umhängen. Wenn sie ihren Platz verlassen, sind sie damit besser als Helfer erkennbar.

Ein akustisches Zeichen kündigt wichtige Mitteilungen an. Beim Ertönen einer Rassel oder einer Glocke legen alle Kinder sofort ihre Stifte oder andere Gegenstände aus der Hand und hören zu.

Alle Kinder sind gemeinsam verantwortlich für ihr Klassenzimmer. Zum Tagesabschluss räumen alle auf. In den Schlusskreis (vgl. 3.1 Rhythmisierung des Schultags) kommt nur, wer die vereinbarten Aufgaben erledigt hat, zum Beispiel:
Jedes Kind

Aufräumen

- → räumt die von ihm (mit-)benutzten Arbeitsmaterialien und Spiele zurück an ihren Platz,
- → kontrolliert und vergewissert sich, dass alle Blätter einsortiert sind, die Federmappen eingesteckt sind und nichts mehr auf oder unter dem Tisch liegen bleibt,
- → wischt, wenn nötig, seinen Tisch ab,
- → hinterlässt das eigene Fach ordentlich aufgeräumt.

Für diese alltägliche Ordnung benötigen die Kinder natürlich zunächst Zeit und Anleitung.

5 Die Lernentwicklung

5.1 Feststellen der Lernausgangslage

Entwicklungsunterschiede

Kinder, die zur Schule kommen, weisen – bei annähernd gleichem Lebensalter – in ihrer Entwicklung Unterschiede von bis zu vier Jahren auf. Ziel des Anfangsunterrichts ist es, die individuelle Lernentwicklung eines jeden Kindes zu begleiten und zu unterstützen. Um die Kinder dort abzuholen, wo sie in ihrer Entwicklung zur Zeit der Einschulung angekommen sind, ist es erforderlich, ihre Lernausgangslage zu kennen.

Gezielte Beobachtungen

Vor der Einschulung sind durch allgemeine Beobachtungen in vorschulischen Einrichtungen Informationen über die dort festgestellten Stärken und den Entwicklungsbedarf der Kinder zu erhalten. Nach der Einschulung sind gezielte Beobachtungen aufschlussreich. Die Kinder sind in einer neuen Umgebung, die Lehrkräfte beobachten sie in einem anderen Kontext und nach anderen Kriterien. Gelegentlich kommen Lehrkräfte dabei zu anderen Ergebnissen als die Erzieherinnen in den Kindergärten, denn gerade in der Zeit unmittelbar vor der Einschulung durchlaufen viele Kinder eine überraschend positive Entwicklung.

Dokumentation der Ergebnisse

Zur Feststellung der Lernausgangslage bezüglich der im Folgenden aufgeführten Fertigkeiten und Fähigkeiten ist es sinnvoll, die Kinder an mehreren Tagen zu unterschiedlichen Tageszeiten zu beobachten und die Ergebnisse zu dokumentieren (z. B. durch Notizen oder Kopien von Arbeitsergebnissen). Es ist in das Ermessen jeder Lehrkraft gestellt, die Aufzeichnungen in freier Form oder in Beobachtungsbögen zu fixieren (vgl. KV 14 bis 19). Wichtig ist es, jeden Eintrag mit einem Datum zu versehen und, falls mehrere Lehrkräfte in der Klasse unterrichten, gemeinsame wie auch differierende Beobachtungen mit dem Namenskürzel zu versehen. Auf der Grundlage dieser Dokumentation sind differenzierte Aussagen über jedes Kind möglich.

Ziel: Entwicklung fördern

Ziel der Aufzeichnungen ist nicht vorrangig die Defizit-Suche, sondern vor allem die genaue Feststellung, was das Kind zu diesem Zeitpunkt an Fähigkeiten und Fertigkeiten bereits erworben hat, in welchen Bereichen es in seiner Entwicklung gefördert werden muss und welche Entwicklungsprozesse zu beobachten sind. Schriftlich festgehaltene Beobachtungen sind bei Gesprächen mit den Erziehungsberechtigten Leitfaden und Beleg für die Aussagen zur Lern- und Persönlichkeitsentwicklung des Kindes in der Schule. Wird aufgrund festgestellter gravierender Defizite oder Störungen eine umfassende Beratung erforderlich, vermittelt die staatliche Schulaufsichtsbehörde Kontaktadressen.

Beobachtungen zu den Grundfertigkeiten
(KV 14: *Lernausgangslage: Grundfertigkeiten*)
Das Kind kann/kann nicht
- → seinen Namen und seine Adresse nennen,
- → ein Anliegen verständlich vortragen,
- → sich allein umziehen,

- → seine Schuhe zubinden,
- → seine Hände selbstständig waschen,
- → allein zur Toilette gehen,
- → sich von der Mutter trennen,
- → Bewegungen über die Körpermitte ausführen,
- → einen Stift richtig im Pinzettengriff halten,
- → einen Ball fangen,
- → einen Ball auf dem Boden prellen,
- → balancieren,
- → rückwärts gehen.

Beobachtungsanlässe

Beobachtungsanlässe sind
- → Bewegungsgeschichten,
- → Ballspiele in der Turnhalle,
- → Spiellieder, Bewegungslieder.

Fördermaßnahmen

Bei defizitärer Entwicklung der Grob- und der Feinmotorik sind Fördermaßnahmen durch außerschulische Institutionen erforderlich. Der Kinderarzt kann eine Ergotherapie oder Sprachheilunterricht verordnen. Bei schwer wiegenden Beeinträchtigungen ist Kontakt zum Staatlichen Gesundheitsamt aufzunehmen, damit von dort die notwendigen Untersuchungen und Therapien eingeleitet werden.

Beobachtungen zum Arbeits- und Sozialverhalten
(KV 15: *Lernausgangslage: Arbeits- und Sozialverhalten*)
- → Zeigt das Kind durch Fragen an die Lehrkraft oder die Mitschüler Interesse und Wissbegier?
- → Versteht es gestellte Aufgaben oder fragt es nach?
- → Beginnt es seine Arbeiten selbstständig?
- → Versichert es sich häufig bei der Lehrkraft, richtig gearbeitet zu haben?
- → Arbeitet es selbstständig?
- → Arbeitet es sorgfältig und gründlich?
- → Braucht es mehr/weniger als die vorgesehene Zeit?
- → Kann es sich längere Zeit konzentrieren?
- → Ist das Kind in die Klasse integriert?
- → Ist es höflich zu Kindern und Erwachsenen?
- → Kann es eigene Bedürfnisse zu Gunsten anderer Gruppenmitglieder zurückstellen?
- → Drängt es sich in den Vordergrund oder lässt es sich verdrängen?
- → Wie verhält es sich auf dem Pausenhof den älteren Kindern oder Lehrkräften gegenüber?
- → Kann das Kind Kritik ertragen?
- → Kann es konstruktive Kritik üben?
- → Wie verhält es sich bei Meinungsverschiedenheiten?
- → Hält es sich an Absprachen und Regeln?

Beobachtungsanlässe sind der gesamte Unterricht einschließlich des Sportunterrichts und der freien Arbeit.

Auffälliges Verhalten

Bei auffälligem Verhalten von Kindern wie
- → rüpelhaftem Benehmen gegen Kinder und Erwachsene,
- → verbaler oder tätlicher Bedrohung anderer Kinder,
- → Bereitschaft zu Aggression gegen Menschen und Sachen,
- → Nichteinhalten vereinbarter Regeln,

Maßnahmen

müssen sofort Maßnahmen ergriffen werden, um dem Kind zu helfen. Diese bestehen vor allem in konsequentem Handeln. Dabei sind nur solche Konsequenzen anzudrohen, die tatsächlich realisierbar sind und einen Bezug zum Regelverstoß des Kindes erkennen lassen, zum Beispiel:
- → Ein Kind hält sich während des Frühstücks in der Klasse nicht an die vereinbarten Regeln.
  Konsequenz: Es frühstückt alleine vor der (zur Sicherstellung der Aufsicht geöffneten) Klassentür auf dem Flur.
- → Ein Kind verstößt gegen die für Unterrichtsgänge aufgestellten sicherheitsrelevanten Regeln.
  Konsequenz: Es darf nur an der Seite der Lehrkraft gehen bzw. nur am Unterrichtsgang teilnehmen, wenn eine zusätzliche Aufsichtsperson verfügbar ist.

Bonus-System

Bei erkennbarem Bemühen um Verhaltensänderung hilft Lob. In schwierigen Fällen sind vielleicht Versuche mit einem „Bonus-System" Erfolg versprechend, in das die gesamte Klasse einbezogen wird: Für positives Verhalten erwirbt das Kind jeweils einen Punkt, der als farbiger Punkt für alle sichtbar auf eine Liste an der Pinnwand geklebt wird. Wenn eine vorher vereinbarte Zahl von Bonuspunkten erreicht ist, hat das Kind für die gesamte Klasse eine Spielstunde erarbeitet. Auf diese Weise kommt das Kind aus seiner Stigmatisierung heraus und alle Kinder haben ein Interesse daran, das Bemühen dieses Kindes wahrzunehmen und es zu stärken. Festzulegen sind evtl. auch die Bedingungen für den Verlust von Bonuspunkten.

Klassenkonferenz

Bei wiederholten Verstößen gegen vereinbarte Regeln überlegen zunächst die Mitglieder der Klassenkonferenz gemeinsam Maßnahmen, erörtern diese mit den Kindern und den Eltern, um dann konsequent zu handeln. Zu den Klassenkonferenzen kann auch die Schulleitung eingeladen werden, damit sie einen Einblick in die Probleme ebenso wie die Lösungsversuche bekommt. Schulleitungen sind berechtigt, bei schwer wiegenden Regelverstößen ein Schulverbot auszusprechen.

Hilfe von Institutionen

Möglichkeiten, Hilfe zu erhalten, falls die schulinternen Maßnahmen nicht greifen, gibt es bei folgenden Institutionen bzw. Personen:
- → Schulsozialarbeit (in einigen Bundesländern),
- → Beratungslehrkraft,
- → Jugendamt,
- → Erziehungsberatungsstelle,

- → Schule für Erziehungshilfe,
- → Jugendsachbearbeiter der Polizei.

Diese Stellen werden auch beratend tätig, wenn es um die Entwicklung von Konzepten für die Gewaltprävention an Schulen geht.

Beobachtungen zur Entwicklung von Sprechen und Sprache

(KV 16: *Lernausgangslage: Sprechen und Sprache*)

- → Spricht das Kind laut und deutlich?
- → Artikuliert es die Laute richtig?
- → Zeigt es Auffälligkeiten wie Stottern, Stammeln, Lispeln?
- → Unterscheidet es die Laute [g] und [d]?
- → Hat es einen altersangemessenen Wortschatz?
- → Kennt es Präpositionen (z. B. zwischen, neben, vor, hinter) und gebraucht es sie richtig?
- → Spricht es in ganzen Sätzen?
- → Verwendet es Haupt- und Nebensätze?
- → Erzählt es folgerichtig?
- → Kann es eine Situation beschreiben?
- → Erzählt es eine Geschichte sinngemäß nach?
- → Kann es seine eigene Meinung vertreten?
- → Beachtet es die Gesprächsregeln?
- → Versteht es Anweisungen und führt sie richtig aus?

Beobachtungsanlässe

Beobachtungsanlässe sind der Gesprächskreis und das Erzählen zu bildlichen Darstellungen von Gegenständen, Situationen und Handlungsabläufen.

Für alle Kinder sinnvolle Maßnahmen

Für alle Kinder sinnvolle Maßnahmen zur Förderung des mündlichen Sprachgebrauchs sind das tägliche Vorlesen in entspannter Atmosphäre, das Sprechen über das Gehörte oder auch die Arbeit mit Mundstellungsbildern und kleinen Handspiegeln.

Unterstützung durch Institutionen

Benötigen einige Kinder darüber hinausgehende Hilfestellungen, findet man bei folgenden Institutionen Beratung und Unterstützung:

- → Sprachheilkindergarten/Sprachheilschule (evtl. einen Kooperationsvertrag anstreben, um in der Schule Sprachförderunterricht anbieten zu können),
- → Phoniater/Phoniaterin (HNO-Arzt mit Zusatzqualifikation), wichtig für Kinder mit Stimm- und Artikulationsstörungen,
- → Logopädin/Logopäde (Überweisung erfolgt durch den Kinderarzt oder Phoniater),
- → Staatliches Gesundheitsamt.

Beobachtungen zum Lesen

(KV 17: *Lernausgangslage: Lesen*)

- → Kann das Kind den eigenen Namen lesen oder unter anderen Namen wiedererkennen?
- → Kann es gleiche Anlaute identifizieren?

- → Kann es Laute und Buchstaben einander zuordnen?
- → Kann das Kind Reime und Silben erkennen?

Beobachtungs-anlässe

Beobachtungsanlässe zur akustischen Wahrnehmung sind Hörübungen wie ein Geräusche-Memory, das Hören von Wörtern und Lauten; Beobachtungsanlässe zur optischen Wahrnehmung das Herausfinden gleicher Zeichen aus einer Menge ähnlicher Zeichen oder das Finden kleiner Unterschiede, z. B. bei einer Reihe von Figuren, die sich jeweils in einem einzigen Detail unterscheiden.

Hilfe und Beratung

Hilfe und Beratung bieten
- → Sonderschullehrkräfte bei der Diagnose von Problemen,
- → Fachkräfte für Lese-Rechtschreib-Schwächen,
- → Beratungslehrkräfte,
- → Pädaudiologen (Fachärzte für Hörstörungen bei Kindern, manchmal den HNO-Praxen angegliedert) oder eine Pädaudiologische Beratungsstelle (Auskünfte über diese Fachrichtung: Suchmaschinen im Internet),
- → Schulpsychologische Beratungsstellen.

Beobachtungen zum Schreiben

(KV 18: *Lernausgangslage: Schreiben*)
- → Nimmt das Kind die richtige Schreibhaltung ein?
- → Verkrampft es die Schreibhand?
- → Kann es den eigenen Namen in Groß- und Kleinbuchstaben schreiben?
- → Schreibt es zügig und sicher?
- → Hält es die Schreibrichtung ein?

Beobachtungsanlässe bieten sich zum Beispiel beim Schreiben und Malen sowie beim Basteln oder Gestalten mit Papier.

Übungen

Übungen zur Förderung der Grobmotorik sind beispielsweise rhythmische Bewegungen der Arme und Beine und Spiele zur Schulung des Gleichgewichts. Geeignete Übungen zur Förderung der Feinmotorik sind Fingerspiele, das Falten, Schneiden oder Reißen von Papier, das Arbeiten mit Knetmasse und Ton.

Beobachtungen zur Mathematik

(KV 19: *Lernausgangslage: Mathematik*)
- → Kann das Kind bis 10 zählen?
- → Ordnet es beim Zählen jedem Gegenstand eine Ziffer zu?
- → Kann es Mengen bilden?
- → Welche Menge fasst es simultan auf?
- → Kennt es die Anzahl der Punkte eines Würfels ohne sie zu zählen?
- → Kann es Ziffern lesen?
- → Kann es Mengen und Ziffern eindeutig zuordnen?
- → Kann es Formen-Plättchen nach unterschiedlichen Kriterien ordnen?
- → Kann es angefangene Reihen fortsetzen?
- → Kann es Mengen ordnen und vergleichen?

Beobachtungsanlässe bieten sich auch beim Arbeiten mit realen Gegenständen, wie Ketten auffädeln, Muster stecken, Spielen mit Bällen, die zunächst nahe beieinander liegen, dann auseinander gerückt werden, ohne ihre Anzahl zu verändern.

Beobachtungsanlässe

Bei Schwierigkeiten können und sollten Lehrkräfte keine Scheu haben, Hilfe zu suchen

Hilfe bei Schwierigkeiten

- → in der Kooperation mit der Beratungslehrkraft,
- → beim Staatlichen Schulamt bzw. beim Gesundheitsamt, um dort die Kontaktperson für Dyskalkulie zu erfragen.

5.2 Mündliche und schriftliche Berichte über die Lernentwicklung

Lehrkräfte sind verpflichtet, den Erziehungsberechtigten eines Kindes Auskunft über die Lernentwicklung und den Lernstand ihres Kindes zu geben.

Mündliche Berichte

Mündliche Berichte werden von Eltern anlässlich einer Sprechstunde oder eines Elternsprechtags erwartet. In einigen Bundesländern gibt es nach dem ersten Schulhalbjahr kein Zwischenzeugnis, sondern es finden zu diesem Zeitpunkt Elterngespräche zum Arbeits- und Sozialverhalten sowie zur Lernentwicklung der Erstklässlerinnen und Erstklässler statt.

Schriftliche Vorbereitung

Ob mündlicher Bericht zum Schulhalbjahr oder „normale“ Sprechstunde: Hier haben Eltern Gelegenheit, Fragen zu stellen, und Lehrkräfte die Möglichkeit, differenziertere Aussagen zu machen als in einem Zeugnis und unmittelbar zu reagieren, wenn Eltern etwas nicht verstehen oder nicht nachvollziehen können.

Ohne intensive schriftliche Vorbereitung und Fixierung der Aussagen zur Lernentwicklung und zum Lernstand geht es allerdings nicht. Beobachtungsbogen sind hier hilfreich (vgl. KV 20 bis 23: *Lernentwicklung Lesen/Mathematik/Aufschreiben/Schrift;* vgl. auch 5.1 zur Lernausgangslage). In ausgedruckter Form sind sie besser zu handhaben als nur auf dem Bildschirm des PC. Grundsätzlich ist es eine Frage der Absprache in der Konferenz, ob ein Ausdruck für die Hand der Eltern vorbereitet werden soll. Datum und Unterschrift können dann bestätigen, dass das Gespräch stattgefunden hat und welche Inhalte gemeinsam erörtert worden sind. Die Formulierungen im Gespräch müssen in jedem Fall genauso umfassend, überprüfbar, eindeutig und verständlich sein wie in einem schriftlichen Zeugnis.

Schriftliche Berichte/Zeugnisse

Spätestens am Ende des Schuljahres sind Zeugnisse bzw. Lernberichte bzw. Schulberichte zu verfassen. Es ist in den Zeugnisbestimmungen der Länder festgelegt, zu welchen Bereichen verbindliche Aussagen zu machen sind. Auch die Vorschriften zum äußeren Erscheinungsbild sind in den Bundesländern unterschiedlich. In einigen Ländern ist es möglich, Zeugnisse in Form von Briefen an die Kinder zu schreiben (vgl. Muster 5a und 5b: *Beispiele für Zeugnisse in Briefform*). In jedem Fall ist am Ende des ersten Schuljahres ein schriftlicher, verbaler Bericht zur Lernentwicklung für jedes Kind abzugeben, der zum Arbeits- und Sozialverhalten und zu allen Bereichen des Unterrichts Aussagen enthalten muss.

Software mit Formulierungshilfen

In einigen Bundesländern sowie von verschiedenen Software-Herstellern gibt es gut vorbereitete Software mit Formulierungsvorschlägen für das Arbeits-, Sozial- und Lernverhalten sowie die Leistungen in den Fachbereichen. In den meisten Fällen handelt es sich dabei nicht um verbindlich vorgeschriebene Formulierungen, sondern um Formulierungshilfen in Form von Textbausteinen. Es ist jedoch ein Nachteil dieser Code-ähnlichen Formulierungen, dass sie in der Regel weder für Kinder noch für ihre Eltern verständlich genug sind. Außerdem besteht die Gefahr, dass Formulierungsvorschläge die tatsächliche individuelle Lernentwicklung und den erreichten Lernstand nicht detailliert genug erfassen.

Sorgfalt beim Formulieren

Da es darum geht, Informationen an Eltern und Kinder zu übermitteln, ist aber besondere Sorgfalt beim Formulieren erforderlich. Auch Sprachcodes, die zum Alltagswortschatz der Lehrkräfte gehören, sind für Eltern oft unverständlich. Knappheit, Eindeutigkeit und Verständlichkeit der Aussagen helfen, Missverständnisse gar nicht erst entstehen zu lassen (Anregungen für die freie Formulierung von Zeugnissen sind zu finden bei: Bambach, H.: Ermutigungen. Nicht Zensuren. Ein Plädoyer in Beispielen. Konstanz: Libelle-Verlag 1994).

1. und 2. Schuljahr als Einheit

In einigen Bundesländern werden das erste und das zweite Schuljahr als eine Einheit betrachtet. Die zu erreichenden Ziele sind in der Regel für den Abschluss dieser Einheit in den Bildungsplänen bzw. Rahmenrichtlinien festgelegt. Die Aussage „... hat das Ziel erreicht/nicht erreicht" ist demzufolge unter Umständen erst am Ende der Einheit, also am Ende des zweiten Schuljahres zu treffen.

Wesentliche Inhalte

Grundsätzlich sollen schriftliche Lernstandsberichte so verfasst sein, dass
→ Kinder und Eltern sie verstehen können,
→ sie positive Äußerungen zum Lernstand enthalten,
→ sie Defizite in Form konstruktiver Kritik beschreiben und
→ Hilfsmöglichkeiten aufzeigen, z. B.: „Wenn du einmal nicht allein weiter arbeiten kannst, hole dir Hilfe bei anderen Kindern oder bei deiner Lehrerin."

Ausgabe der Zeugnisse

An einigen Schulen ist es üblich, am Nachmittag vor dem letzten Schultag die Zeugnisse gemeinsam an Kind und Eltern auszuhändigen. Die Lehrkräfte bieten Termine für Einzelgespräche und die Ausgabe des Zeugnisses an, um Wartezeiten zu vermeiden. In einem Gespräch von ca. 15 Minuten trägt die Lehrkraft den Inhalt des Zeugnisses vor und steht dann gleich für Rückfragen und Erläuterungen zur Verfügung. Sie kann hier die erbrachten Leistungen in den Kontext dessen einordnen, welche Anforderungen zu diesem Zeitpunkt erfüllt werden müssten.

Mündliche Aussagen können zum Beispiel lauten: „Du kannst schon bis 1000 rechnen, du brauchst aber erst bis 20 rechnen zu können." Oder: „Du kennst fast alle Buchstaben und kannst schon kurze Wörter lesen. Eigentlich haben wir schon alle Buchstaben kennen gelernt, aber einige hast du wieder vergessen. Die üben wir nach den Ferien, dann lernst du sie auch." Oder: „Du kannst schon lange Texte lesen, verstehen, vorlesen und darüber ausführlich berichten. Du kannst schon so viel wie die Kinder erst im 4. Jahrgang können müssen."

Kinder, deren Eltern den Termin nicht wahrnehmen wollen oder können, erhalten ihre Zeugnisse am letzten Schultag mit persönlichen Worten von der Lehrkraft überreicht.

6 Entwicklung grundlegender Kompetenzen

Schule beschränkt sich heute nicht nur auf die Vermittlung der Kulturtechniken und die Erarbeitung von Sach- und Fachwissen, sondern sieht ihre Aufgabe zusätzlich darin, die Handlungskompetenz der Kinder zu entwickeln, zu sichern und zu erweitern.

Handlungskompetenz entwickeln:

Elemente der Handlungskompetenz, wie sie hier verstanden wird, sind

– Fachkompetenz

→ Fachkompetenz:
Probleme auf der Grundlage von Fachkenntnissen lösen (Kenntnisse und Fertigkeiten erwerben, Informationen gewinnen, strukturieren und nutzen),

– Sozialkompetenz

→ Sozialkompetenz:
gemeinsam mit anderen Menschen leben und arbeiten, in einer Gruppe lernen und handeln (gemeinsam von und mit Partnern lernen, einander zuhören, Kompromisse eingehen lernen; dabei die Interessen der Gruppe, nicht die des Individuums in den Vordergrund stellen, die Fähigkeit zur Kommunikation und zur Kooperation erwerben und weiter entwickeln),

– Methodenkompetenz

→ Methodenkompetenz:
geeignete Wege für die Bewältigung von Aufgaben erkennen, wählen und anwenden (das Lernen lernen, Denken in Zusammenhängen entwickeln),

– Persönlichkeitskompetenz

→ Persönlichkeitskompetenz:
ein realistisches Selbstbild entwickeln (Selbstständigkeit entwickeln, sich selbst einschätzen und reflektieren lernen, Verantwortungsbewusstsein entwickeln).

In offenen Unterrichtsformen wird Kindern durch selbstbestimmtes Lernen ermöglicht, diese Basiskompetenzen zu erwerben und zu entwickeln.

Lernbegriff

Der Begriff „Lernen“ ist im Hinblick auf so unterschiedliche Kompetenzen weit zu fassen: Es findet gleichzeitig oder zeitlich versetzt inhaltlich-fachliches Lernen, methodisch-strategisches Lernen, sozial-kommunikatives Lernen und affektives Lernen statt:

Lernbegriff	im Unterricht realisiert durch
Inhaltliches Lernen	Wissenserwerb, verstehen, erkennen, urteilen
Sozial-kommunikatives Lernen	zuhören, fragen, antworten, begründen, argumentieren, diskutieren, präsentieren, kooperieren, moderieren
Methodisch-strategisches Lernen	markieren, nachschlagen, strukturieren, protokollieren, organisieren, gestalten, Ordnung halten
Affektives Lernen	Selbstvertrauen entwickeln, Freude an einem Thema/einer Methode haben, Identifikation und Engagement entwickeln, Werthaltung aufbauen

(Klippert, H.: Eigenverantwortliches Arbeiten und Lernen. Weinheim: Beltz 2001; S. 57, Abb. 9)

6.1 Unterrichtsprinzipien

Soziales Lernen

In jeder Unterrichtsstunde findet sowohl geplant als auch ungeplant soziales Lernen statt. Die Kinder lernen, welche Verhaltensweisen im Umgang miteinander toleriert, sanktioniert, wahrgenommen, nicht wahrgenommen, positiv verstärkt werden.

Der Zusammenhang zwischen sozialem Lernen und unterschiedlichen Sozialformen und Methoden des Unterrichts ist klar erkennbar.

Zusammenspiel mehrerer Methoden

Unterrichtsmethoden sollen nicht nur Kompetenzen und Instrumente der Lehrkräfte sein, sondern vor allem auch die Lernwege der Kinder öffnen und sie zu selbstständigem und selbst verantwortetem Handeln führen. Demnach müssen sie viele Aspekte berücksichtigen, handlungsorientiert sein oder zum Handeln führen und in vielfältiger Weise die Interessen und Fähigkeiten der Kinder berücksichtigen. Eine Monopolstellung einer Methode kann es daher nicht geben: Nur das Zusammenspiel mehrerer, auf ein Ziel ausgerichteter Methoden bringt den angestrebten Erfolg.

Lernen in der Gruppe

Grundsätzlich gilt: Ein Teil des aktiven Lernens findet in Gruppen gemeinsam mit anderen Kindern statt, die miteinander in Projekten arbeiten oder versuchen, ein Problem zu lösen. Die Diskussion von Problemen und Problemlösungen nimmt dabei breiten Raum ein. Lernen findet hier gleichwertig und gleichzeitig sowohl im kognitiven und im sprachlichen als auch im sozialen Bereich statt. Parallel dazu läuft Lernen immer auch als individueller Prozess ab.

Erfahrungen ermöglichen

Viele alltägliche Dinge sind Kindern heute eher aus den Medien als aus eigener Erfahrung bekannt. Es fehlt ihnen häufig der Bezug zur Wirklichkeit mit ihren verschiedenen Facetten. Schule muss für die Kinder Lebens- und Erfahrungsraum sein, fordert Hartmut von Hentig. Das bedeutet: Schule muss den Kindern Erfahrungen ermöglichen, die sie in ihrem Lebensraum nicht mehr machen können, z. B. sie erleben lassen, wie lange eine Pflanze vom Keimling bis zum Tragen von Früchten braucht oder sie entdecken lassen, wie ein Papierflieger gefaltet werden muss, damit er fliegt. Dies gelingt, wenn Kinder selbst aktiv sind, d. h. im Lernprozess die Initiative ergreifen.

Sinnorientiertes Lernen

Sinnorientiertes Lernen findet statt beim Erarbeiten von Lerninhalten, die die Kinder als sinnvoll erleben. Sie bewirken eine positive Lernmotivation. Lernen wird um so mehr als sinnvoll angesehen, je mehr die Inhalte der Lebens- und Erfahrungswelt der Kinder entstammen und für die Kinder bedeutsam sind. So erhalten die Kinder beispielsweise ausgehend von der Lektüre des Buches „Post für den Tiger“ (Janosch) Informationen, wie die Kommunikation ihren Ausgang genommen haben könnte. Es regt sie an, Ähnliches auf seine Brauchbarkeit und Funktionalität hin zu „erfinden“ und zu prüfen.

Entdeckendes Lernen

„Das wesentliche Merkmal des entdeckenden Lernens ist (...) die Tatsache, dass der Hauptinhalt dessen, was gelernt werden soll, nicht gegeben ist, sondern vom Schüler entdeckt werden soll.“ (Ausubel, D. P./Novak, J. D.: Psychologie des Unterrichts. Weinheim: Beltz 1981) Um im 1. Schuljahr erste Erkenntnisse zur

Elektrizität zu gewinnen, finden die Kinder zum Beispiel in einer Kiste leitendes und nicht-leitendes Material, Batterien, Glühlampen, Knetmasse, Hammer, Drahtstifte, Metallstreifen, Holzbrettchen und -klötze. Sie sammeln eigene Erfahrungen, indem sie frei experimentieren und ausprobieren, was sie tun müssen, damit die Lampen leuchten.

Vernetztes Lernen

Die bisher genannten Elemente sind auch in herkömmlichem Unterricht zu finden. Das Gestalten vernetzten Lernens in offenen Unterrichtsformen dagegen stellt an die fachliche und persönliche Kompetenz der Lehrkräfte hohe Anforderungen. Auswahl und Gestaltung von Materialien erfordern genaue und weitsichtige Planung, denn: „Je mehr Arten der Erklärung angeboten werden, je mehr Kanäle der Wahrnehmung benutzt werden, desto fester wird das Wissen gespeichert, desto vielfältiger wird es verankert und auch verstanden." (Vester, F.: Denken, Lernen, Vergessen. München: dtv Sachbuch 1974; S. 42) Lernen mit allen Sinnen verknüpft Anschaulichkeit und Selbsttätigkeit sowohl auf der fachlichen als auch auf der sozialen Ebene.

6.2 Sozial- und Arbeitsformen

Im Folgenden werden nur die Sozial- und Arbeitsformen (vgl. KV 24: *Piktogramme für Sozialformen*) vorgestellt, die zu den oben genannten Kompetenzen führen.

Partnerarbeit

Bei der Partnerarbeit sind abhängig vom Lernpartner unterschiedliche Erfahrungen möglich. Bei Partnern mit etwa gleicher Kompetenz steht die Erweiterung des Sach- und Fachwissens im Vordergrund. Bei heterogenen Partnern profitiert der Stärkere von der Erfahrung, dass auch der Schwächere einen sinnvollen Beitrag zum Ergebnis leisten kann, der Schwächere hingegen durch einen Zuwachs an Fachwissen.

Spiele zur Partnerfindung

- → Tiere: Die Kinder ziehen je eine Bildkarte, auf der ein Tier abgebildet ist, von jedem Tier gibt es zwei Bilder. Jedes Kind sucht nun seinen Partner, indem es sich wie das Tier bewegt und/oder das entsprechende Tiergeräusch nachahmt.
- → Farben: Die Kinder ziehen Karten, auf deren Vorderseite je eine Farbe zu sehen ist. Von jeder Farbe gibt es zwei Stück.
- → Puzzle: Die Kinder ziehen in zwei Teile zerschnittene Bildkarten. Der Partner hat die andere Hälfte des zweiteiligen Puzzles.

Gruppenarbeit

Gruppen können in der Zusammensetzung gleich bleiben oder wechseln. Bei wechselnder Gruppenzusammensetzung müssen sich die Teilnehmer immer wieder auf neue Konstellationen einstellen. Dabei werden an Kooperations- und Teamfähigkeit hohe Ansprüche gestellt. Bleibt die Gruppenzusammensetzung über einen längeren Zeitraum gleich, machen die Kinder Erfahrungen mit Prozessen der Teamentwicklung.

Um effektiv in einer Gruppe zu arbeiten, müssen die Teilnehmer genau wissen und verstehen, was von ihnen erwartet wird, welche Medien und Materialien und wie viel Zeit ihnen zur Verfügung stehen. Die Gruppenarbeit muss daher sorgfältig geplant werden. Auch verständliche, eindeutige Arbeitsanweisungen sind Voraussetzung für das Gelingen.

Spiele zur Gruppenfindung

- → Puzzle: Kalenderbilder, Postkarten o. Ä. werden in so viele Teile zerschnitten, wie Gruppenmitglieder erwünscht sind. Jedes Kind greift sich aus dem großen Topf aller Puzzleteile ein Stück und sucht damit nach seinen Partnern. An dem Ort, an dem die Gruppe arbeiten soll, liegt das fertige Bild zur Kontrolle.
- → Tierfamilien: Die Kinder ziehen je eine Bildkarte, auf der ein Tier dargestellt ist. Es kommen dabei so viele gleiche Tierbilder vor, wie man Gruppenmitglieder haben möchte. Jedes Kind ahmt auf ein Startzeichen hin das entsprechende Tiergeräusch nach und versucht so, seine „Familie" zu finden und mit ihr an den vorher vereinbarten Ort zu gehen.
- → Liederraten: Die Kinder sitzen im Kreis. In der Mitte liegen Bilder mit Motiven zu Liedern, die die Kinder kennen. Von jedem Lied gibt es so viele Bilder wie die Gruppe Teilnehmer braucht. Die Lieder sind zu hören. Wer ein Lied erkennt, nimmt sich eine Karte.

6.3 Offene Unterrichtsformen

Voraussetzungen

Bei der Übernahme eines ersten Schuljahres ist es notwendig, alle Kinder genau zu beobachten, um zu entscheiden, welcher Öffnungsgrad für die Klasse, eine Gruppe oder einzelne Kinder angemessen ist.

Kinder, die unselbstständig und nicht darin geübt sind, Entscheidungen zu treffen, müssen behutsam und in kleinen Schritten an eine offene Unterrichtsarbeit geführt werden. Zu den Voraussetzungen für erfolgreiches Arbeiten gehören

- → die Beherrschung verschiedener Arbeitstechniken (z. B. Ordnen nach System, erforderliche Reihenfolge von Arbeitsschritten erkennen, Kontrolle der Arbeitsergebnisse) sowie
- → der sachgerechte Umgang mit verschiedenen Arbeitsgeräten und Materialien (Schere, Klebstoff, Ordner, Lernkartei ...).

6.3.1 Anbahnen offener Unterrichtsformen

Anknüpfen an den Kindergarten

Die Kinder werden im Kindergarten dazu erzogen, Spiele und Beschäftigungen aus einem Angebot selbstständig zu wählen. Der erste Schritt zu selbstständigem Arbeiten besteht in den ersten Schulwochen deswegen lediglich darin, den Kindern während einer festen Zeit (z. B. während des offenen Schulbeginns oder zum Ende des Unterrichts) bekannte Spiele zur Verfügung zu stellen. Sie entscheiden, welches Spiel sie spielen (vgl. auch Holt, J.: Kinder lernen selbstständig oder gar nicht(s). Weinheim: Beltz 1999).

Selbstständiges Arbeiten erfordert Arbeitstechniken, wie z. B. Formen der Selbstkontrolle, Partner- oder Gruppenarbeit, die die Lehrkraft begleitend systematisch einführt und üben lässt, bis alle Kinder diese Techniken sicher beherrschen.

Arbeitstechniken

Auch verbindliche Regeln für das Verhalten werden erarbeitet, zum Beispiel:

Verhaltensregeln

- → Ich flüstere.
- → Ich gehe sorgfältig mit dem Arbeitsmaterial um.
- → Ich lege das Material wieder an die Stelle, an der ich es geholt habe.
- → Ich störe andere nicht beim Arbeiten.
- → Wenn ich nicht weiter weiß, bitte ich meine Nachbarn um Hilfe.
- → Ich gehe nur zur Lehrerin/zum Lehrer, wenn mir kein Kind helfen kann.

Für die Organisation der Hilfe bei Fragen der Kinder hat sich ein einfaches System bewährt: Jedes Kind besitzt eine mit seinem Namen beschriftete Holz-Wäscheklammer. Braucht ein Kind Hilfe, steckt es seine Klammer an die „Warteschlange“ der Lehrkraft. Als Warteschlange dient ein einfacher Papierstreifen, eine dicke Kordel oder eine Tonpapierschlange. Jedes Kind, das eine Frage hat, heftet seine Klammer hinter die vorangegangene. Somit ist die Reihenfolge der Fragen in der Abfolge der Wäscheklammern festgehalten.

Organisation eines „Helfer-Systems“

Dieses System ist erweiterungsfähig: Die Hilfe soll langfristig nicht ausschließlich von der Lehrkraft kommen. Es ist vielmehr das Ziel, die Kinder allmählich in die Lage zu versetzen, zunächst Kinder um Hilfe zu bitten. Erst wenn das nicht zum gewünschten Erfolg führt, wenden sich die Kinder an die Lehrkraft.

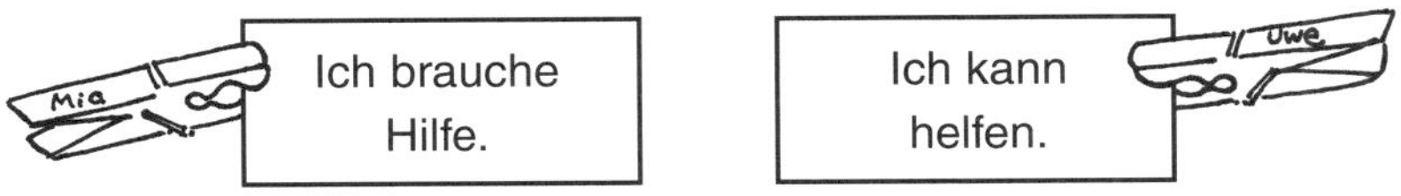

Braucht ein Kind Hilfe, steckt es seine Wäscheklammer auf das Schild „Ich brauche Hilfe.“ Fühlt sich ein Kind in einem Bereich besonders kompetent, steckt es seine Klammer an das Schild „Ich kann helfen.“ Die Kinder, die Hilfe benötigen, wenden sich dann direkt mit der Bitte um Hilfe an dieses Kind.

6.3.2 Lernen an Stationen

Lernen an Stationen ist eine der bekanntesten Formen des offenen Unterrichts und eignet sich durch seine Überschaubarkeit bezüglich Zeit, Inhalt und Angebot gut für den Einstieg in offene Unterrichtsformen. Die Kinder bearbeiten dabei ein Thema, das in verschiedene Teilaspekte zerlegt ist, weitgehend selbstständig. Die Verweildauer an einzelnen Stationen sowie die Reihenfolge der Bearbeitung kann von jedem Kind selbst bestimmt werden. Beim Lernen an Stationen können die Kinder durch die Vielseitigkeit der Materialien ihrem Lerntyp entsprechend und von ihrem Interesse geleitet lernen.

Einstieg in offenen Unterricht

Intensive Übung

Lernstationen werden häufig eingesetzt zur intensiven Übung eines zuvor im gemeinsamen Unterricht erarbeiteten Themas. Innerhalb der einzelnen Stationen kann nach Schwierigkeitsgrad, Umfang und Interessenschwerpunkten differenziert werden.

Um auch im kognitiven Bereich effektiv zu arbeiten, müssen alle Kinder die geforderten Arbeitstechniken beherrschen und die Lehrkräfte die Stationen detailliert, auf den jeweiligen Lernstand der Klasse abgestimmt, planen.

Zu unterscheiden sind an Themen orientierte Lernstationen (z. B. Lernstationen zu Buchstaben) und Fächer verbindende Lernstationen (z. B. Lernstationen zum Buchstaben A und zum Thema Apfel).

Organisatorische Planungselemente der Arbeit an Stationen

→ Die Arbeitsmaterialien müssen so zahlreich vorhanden sein, dass alle Kinder gleichzeitig beschäftigt sind.
→ Einige Arbeitsplätze müssen darüber hinaus frei sein, um einen Wechsel der Stationen zu ermöglichen.
→ Piktogramme (vgl. KV 24 und 25: *Piktogramme*) an jeder Station zeigen an, was wie zu tun ist:
  – Piktogramme für die Arbeitsform (Einzel-, Partner-, Gruppenarbeit),
  – Piktogramme für das Arbeitsmaterial (Was brauche ich?),
  – Piktogramme für die Aufgabe (Was soll gemacht werden? Lesen, schreiben, rechnen ...).
→ Um den Kindern einen Überblick zu geben, welche Station sie schon bearbeitet haben, ist es vor allem in der Anfangszeit günstig, anstelle einer numerischen Kennzeichnung Symbole (vgl. KV 26: *Symbole für Lernstationen*) zu verwenden. Mit solchen Symbolen werden die einzelnen Lernstationen gekennzeichnet und sie werden in Laufkarten für die Kinder hineinkopiert. Sind die Symbole einmal laminiert, ist es einfach, sie immer wieder zu verwenden.
→ Eine Laufkarte (vgl. KV 27: *Laufkarte für das Arbeiten an Stationen*) gibt den Kindern einen Überblick über ihre Arbeit und erleichtert ihnen die Orientierung. Der Lehrkraft gibt sie Aufschluss über Arbeitstempo, Niveau, Interessen und Vermeidungsstrategien des einzelnen Kindes. Um ein Chaos zu Beginn der Arbeit zu vermeiden, erhält jedes Kind einen individuellen Laufzettel, auf dem seine Anfangsstation gekennzeichnet ist: Das Symbol auf dem Laufzettel zeigt dem Kind, dass es an der Station mit seiner Arbeit beginnen soll, die mit demselben Symbol gekennzeichnet ist.
→ Für die Kinder sehr motivierend kann auch ein Lernpass (vgl. KV 28: *Lernpass*) sein, der beim Lernen an Stationen genauso eingesetzt werden kann wie im Zusammenhang mit Tages- oder Wochenplänen.
→ Die Kinder sollten vorab wissen, wo sie ihre Arbeitsergebnisse sammeln und aufbewahren.

→ Kennzeichnung des Schwierigkeitsgrades der einzelnen Stationen (z. B. mit Klebepunkten in drei unterschiedlichen Farben),
→ Ansprechen aller Sinne,
→ Variation verschiedener Arbeitstechniken,
→ Ermöglichen von Selbstkontrolle.

Inhaltliche Planungselemente der Arbeit an Stationen

Ein Abschlussgespräch rundet die Arbeit an Stationen ab. Im ersten Schuljahr werden die Kinder dabei allmählich dazu geführt, ihre Arbeit und ihr Lernen zu reflektieren, zum Beispiel durch:

Abschlussgespräch mit Reflexion

→ Reflexionsgegenstände: Die Kinder stehen im Kreis. Eine Feder („Das ist mir leicht gefallen.") und ein Stein („Das war schwierig.") werden herumgereicht. Die Kinder halten entweder Feder oder Stein hoch und äußern sich dazu. Nach und nach kann auch eine Begründung gefordert werden: „Das war für mich schwierig, weil …"
→ Reflexionskarten: Auf verschiedenfarbigen Karten stehen Aussagen, die mit Piktogrammen versehen sind. Die Kinder wählen eine Karte und äußern sich.

	Das hat mir heute gut gefallen.		Ich habe gut mit … gearbeitet.
	Das hat mir nicht gefallen.		Das war schwierig für mich.
	Das habe ich heute gelernt.		Das war leicht für mich.

→ Reflexionswürfel: Ein großer Würfel wird mit diesen sechs Piktogrammen „beschriftet". Die Kinder würfeln und äußern sich zu dem Reflexionspunkt, den sie gewürfelt haben.

6.3.3 Tagesplan

Einen Schritt weiter werden Kinder durch einen Tagesplan an die freie Arbeit herangeführt. Ein Tagesplan (vgl. KV 29: *Tagesplan bzw. Wochenplan*) umfasst Aufgaben aus dem laufenden Unterrichtsstoff, die die Schülerinnen und Schüler voraussichtlich selbstständig bearbeiten können. Er enthält sowohl Pflichtaufgaben, die alle Kinder bearbeiten müssen, als auch Wahlaufgaben, unter denen jedes Kind selbst auswählen darf. Die Kinder entscheiden frei über die Reihenfolge der Bearbeitung, das Lerntempo und die Sozialform.

Pflichtaufgaben und Wahlaufgaben

Eine behutsame Hinführung geschieht am Anfang durch eine überschaubare Aufgabenanzahl mit geringem Schwierigkeitsgrad und kurzer Bearbeitungsdauer, damit auch die langsamen und schwachen Kinder Zeit haben für das Wahlangebot. Zu Beginn ist es hilfreich, die Aufgaben nur einem Lernbereich zu entnehmen, damit alle die Übersicht behalten, zum Beispiel:

Behutsame Hinführung

→ Den Kindern stehen 3–5 verschiedene Angebote zur Verfügung. Sie wählen mindestens zwei aus. Regel ist, dass das Gewählte innerhalb eines festen Zeitrahmens fertig bearbeitet werden muss.

→ Im Anschluss an gemeinsames Arbeiten wählen die Kinder aus einer geringen Zahl von Pflicht- und Wahlaufgaben aus, was sie bearbeiten.

Allmählich werden Zeit, Umfang und Schwierigkeitsgrad erhöht.

Möglichst Aufgaben aus mehreren Fächern

Ähnlich wie bei den Lernstationen ist zu unterscheiden zwischen Tagesplänen mit Aufgaben aus nur einem Fach und Tagesplänen, die Aufgaben mehrerer Fächer enthalten, wobei Letzteres gerade im Anfangsunterricht große Vorteile hat:

→ Die zu bearbeitenden Aufgaben sind vielfältig,
→ sie ermöglichen ganzheitliches Lernen und
→ sie verbinden den Lernstoff mehrerer Fächer.
→ Sie erfordern keine sachlogische Reihenfolge bei der Arbeit.

6.3.4 Wochenplan

Aufbauend auf Tagesplanarbeit

Sobald die Kinder mit dem Tagesplan erfolgreich arbeiten, ist die Zeit für die Einführung in die Arbeit mit dem Wochenplan gekommen. Ein Wochenplan (vgl. KV 29: *Tagesplan bzw. Wochenplan*) enthält wie der Tagesplan Pflicht- und Wahlaufgaben. Die Anzahl der Pflichtaufgaben richtet sich danach, wie viele Aufgaben alle Kinder problemlos in einer Woche bewältigen können. Die Kinder teilen sich die Zeit, die Reihenfolge der Bearbeitung und die Auswahl von Wahlaufgaben über eine ganze Woche frei ein.

Wie schon bei der Arbeit an Stationen und nach Tagesplan ist zu unterscheiden zwischen Wochenplänen mit dem Stoff eines Faches und Wochenplänen mit dem Stoff mehrerer Fächer. Da das Ziel offener Unterrichtsformen die Selbsttätigkeit der Kinder ist, enthalten die Wochenpläne mit der Zeit nicht nur verpflichtende Arbeitsanweisungen, sondern auch projektartige Elemente.

Gleiche Wochenpläne für alle

Bei Wochenplänen, die für alle Kinder der Klasse gemeinsam erstellt werden, finden die Kinder am Montagmorgen an einem festen Ort im Klassenzimmer den für alle verbindlichen Plan. Für den eigenen Überblick und den der Eltern ist es auch bei gemeinsamen Wochenplänen sinnvoll, wenn jedes Kind eine Kopie des Planes im DIN A5-Format erhält.

Um frühzeitig Selbsteinschätzung und Eigenverantwortung zu fördern und zu fordern, stellt die Lehrkraft von Anfang an Aufgaben verschiedenen Schwierigkeitsgrades in den Plan, die durch Farben symbolisiert sind, z. B. blauer Punkt für leichte Aufgaben, roter Punkt für schwierige Aufgaben.

Individuelle Wochenpläne

Bei individuellen Wochenplänen dagegen erhält jedes Kind der Klasse seinen eigenen Wochenplan. Dieser Plan stellt eine Form der Binnendifferenzierung dar. Er enthält für jedes Kind ein differenziertes Pflichtprogramm und Vorschläge für den Wahlbereich. Genau wie bei den anderen Wochenplänen entscheiden die Kinder, wann und in welcher Reihenfolge sie die einzelnen Aufgaben bearbeiten und sind auch verantwortlich für die Kontrolle. Das selbstständige Entscheiden und auch die Selbsteinschätzung bezüglich des individuellen Lernprozesses kommen bei dieser Form überwiegend bei den Wahlaufgaben zum Tragen.

Da es sehr zeitaufwändig ist, für jedes einzelne Kind einen Arbeitsplan zusammenzustellen, empfiehlt es sich, für die Klasse einen Grobplan zu erstellen, für jedes Kind zu kopieren und darauf die Pflichtaufgaben individuell anzupassen.

Vorteile von Wochenplanarbeit

Vorteile der Arbeit nach dem Wochenplan liegen u. a. darin, dass
→ die Kinder lernen, selbstständig und verantwortungsvoll zu arbeiten,
→ Kinder mit Förderbedarf nicht zusätzlich zum Unterricht in separaten Förderstunden länger als die anderen Kinder arbeiten müssen, sondern individuell während des Arbeitens von Kindern oder der Lehrkraft Förderung und Hilfe erhalten,
→ Kinder erfahren, dass nicht alle Kinder dasselbe leisten können, aber dass jeder einen sinnvollen Beitrag in Gruppen- oder Partnerarbeit leisten kann,
→ lehrerzentrierte Phasen in den Unterricht jederzeit einzuplanen sind. Bei der Erarbeitung neuen Lehrstoffs (z. B. neuer Rechenverfahren) ist es möglich, einer kleinen Gruppe von Kindern die gewünschten Erklärungen zu geben. Diese Kinder reichen sie als Multiplikatoren an andere Kinder weiter, sobald diese sich an die Bearbeitung dieser Aufgaben machen.

Umgang mit „schwierigen“ Kindern

Kinder, denen die Voraussetzungen für Wochenplanarbeit fehlen, erhalten längere Zeit einen Tagesplan. Oft haben Kinder mit kurzen Konzentrationsphasen gleichzeitig einen starken Bewegungsdrang. Um diesen zu kanalisieren, ist es geschickt, Bewegungsaufgaben in den Wochenplan zu integrieren. Eine zeitlich klare Orientierung und Begrenzung durch eine Sanduhr ist sinnvoll. Abgesehen davon ist es für alle Kinder eine Hilfe, nach erfolgreich beendeter Arbeit eine Bewegungsphase einlegen zu können.

6.3.5 Projektunterricht

Beginn von Projektarbeit

Eine von den Kindern oder von der Lehrkraft in den Unterricht eingebrachte Frage zu einem sachunterrichtlichen, literarischen, mathematischen oder musischen Thema kann der Anstoß für ein Projekt sein.

Besonderes Kennzeichen des Projektunterrichts ist es, dass die Ausgangsfrage unter möglichst vielen Aspekten betrachtet (oder in Teilfragen gegliedert) und von den Kindern in Gruppen bearbeitet wird. Alle Arbeitsergebnisse haben das gleiche Gewicht und führen schließlich zur Beantwortung der Ausgangsfrage.

Je mehr Erfahrung die Kinder in dieser Arbeit gewinnen, desto eher werden sie selbst in der Lage sein, Projekte zu initiieren.

Zu Beginn der Arbeit an Projekten ist es wichtig, eine für die Kinder überschaubare Zeit einzuplanen: Minimal 3 Stunden, maximal 2 Tage ist ein für erste Projektarbeit überschaubarer Zeitrahmen. Die Kinder (oder am Beginn die Lehrkräfte) wählen ein Thema, entwickeln einen Bearbeitungsplan und führen ihn unter Beachtung der zuvor selbst festgesetzten Regeln durch.

Geeignete Themen

Geeignete Themen für das 1. Schuljahr sind beispielsweise:
→ Wir lernen heimisches Obst und Gemüse kennen.
→ Wir füttern im Winter Vögel.

- → Frühling im Klassenzimmer.
- → Wir schreiben ein Geschichten-Buch, illustrieren und binden es.

Im Rahmen eines Projektes erfahren die Kinder, dass jedes Thema unter verschiedenen Aspekten betrachtet werden kann. Gruppen von Kindern arbeiten gemeinsam daran, lösen einen Aspekt heraus, mit dem sie sich ausführlich beschäftigen.

Beispiel

Beispiel: „Wir lernen heimisches Obst und Gemüse kennen."
Die Kindergruppen formieren sich nach Interessenlage, suchen jeweils eine Obst- oder Gemüsesorte aus, zu der sie Informationen zusammentragen in Form von Bildern, Exponaten, Texten, Verwendungsmöglichkeiten, Erstellen einfacher Zubereitungsrezepte, ...

Während der Durchführung ist es wichtig, dass die Gruppen einander über ihren aktuellen Stand berichten, ihre Zwischenergebnisse präsentieren, sich mit den anderen Gruppen austauschen und gegebenenfalls etwas verändern. Den Abschluss der Arbeit bildet ein Bericht der einzelnen Gruppen über die Arbeitsergebnisse, eventuell ergänzt um eine kleine Ausstellung oder Präsentation der Ergebnisse für Eltern oder andere Klassen der Schule.

Eine Reflexion, in der sowohl positive als auch negative Aspekte anzusprechen sind, bildet für die Kinder den Abschluss. Ziel ist es, diese Aspekte beim nächsten Projekt zu berücksichtigen (vgl. auch: Hänsel, D.: Das Projektbuch Grundschule. Weinheim: Beltz 1995).

Lehrkraft als Beratung

Hier wie in allen anderen oben vorgestellten Unterrichtsformen ist die Lehrkraft Beraterin der Kinder. Sie findet Zeit zur Beobachtung und greift nur ein, wenn Konflikte von den Kindern nicht allein zu lösen sind.

7 Wege zum Lesen und Schreiben

7.1 Lesen lernen: Rituale zur Leseerziehung

Lernbedürfnis der Kinder

Kinder wollen lernen und beginnen schon im frühesten Säuglingsalter, ihre Umgebung zu erforschen. Vom ersten Lebenstag an nimmt das Kind Aktionen und Reaktionen seiner Umgebung wahr und beginnt sie zu erkunden und zu erobern. Der Wunsch, etwas zu lernen, entsteht bei Kindern nicht erst im Kindergarten- oder Schulalter, vielmehr werden in den Vorschuleinrichtungen – und in der Schule – die Lernbedürfnisse der Kinder kanalisiert in von der Gesellschaft für wichtig befundene Bereiche: Wahrnehmung der eigenen Person und der sie umgebenden Menschen, erster Erwerb von Wissen über Mensch, Natur und Technik im unmittelbaren Lebens- und Erfahrungsbereich der Kinder.

Informationen zugänglich machen

Um Kindern schon vor – und natürlich auch nach – dem Eintritt in die Schule Informationen zugänglich zu machen, ist es notwendig,

- → sie als Fragende ernst zu nehmen und ihnen in angemessener Sprache mündlich Auskunft zu geben,
- → dass das Kind Erwachsene als Lernende erlebt und versucht, ihnen nachzueifern,
- → ihnen zu zeigen, dass auch Erwachsene nicht alle Fragen beantworten können, sondern ihrerseits bestrebt sind, sich mithilfe geeigneter Medien Informationen zu beschaffen,
- → ihnen Wege zur Informationsbeschaffung aufzuzeigen und gemeinsam Möglichkeiten zum Entschlüsseln der Informationen zu erproben.

Informationsquellen

Zu den Informationsquellen für Kinder gehören außer den sie umsorgenden Menschen Medien, in denen Informationen in Form von Bildern, gesprochener und geschriebener Sprache gespeichert sind. Traditionell nehmen Bücher hier einen herausgehobenen Platz ein. Gleichzeitig sorgen Bücher jedoch dafür, dass Bildung und Ausbildung von Kindern vorrangig eine Frage der Herkunft sind: Nur in literalen Elternhäusern werden Kinder von Anfang an in die Welt des Lesens eingeführt.

Ziel der Bildungsbemühungen in vorschulischen Einrichtungen und in der Schule muss es daher sein, alle Kinder an Bücher heranzuführen. Sie sollen Bücher als Quelle von Wissen, Freude, Amüsement, Erweiterung der eigenen begrenzten Lebenswelt kennen und schätzen lernen. Gleichzeitig müssen Medien wie Filme, Videos, DVDs, Computer und Internet einbezogen werden, um Kinder an Informationen heranzuführen, die sie in ihrer eigenen Erlebenswelt nicht gewinnen können.

Lesen als Zugang zur Bildung

Voraussetzung für das Erschließen und Entschlüsseln jeder Information ist die Fähigkeit, Texte zu lesen, ihren Sinn zu verstehen und das Gelesene in die eigene Wirklichkeit zu übertragen – womit gleichzeitig die zentralen Ziele des Lesenlernens definiert sind.

Bereits im Kleinkindalter wird der Boden für das Lesen bereitet. In der Situation des Betrachtens von Bildern und Bilderbüchern sowie des Vorlesens erleben Kinder persönliche Nähe und emotionale Zuwendung. Sie identifizieren sich mit den Protagonisten der Texte und Bilder, leiden mit ihnen oder freuen sich mit ihnen.

Das Betrachten von Bildern mit kleinen Kindern ist gleichsam eine Vorform des Lesens. Die Kommunikation bei der Bildbetrachtung fördert genaues Hinsehen und eigenes Sprachhandeln – beides wesentliche Voraussetzungen sowohl für Textverständnis als auch für Textproduktion.

Nun liegt der Verdacht nahe, dass, wenn in der frühkindlichen Entwicklung Bilder und Bücher keinen Platz hatten, die Gelegenheit zur Einführung in die Welt der Literatur verpasst ist. Untersuchungen im Rahmen der PISA-Studie scheinen die Richtigkeit dieser Annahme zu bestätigen. Was ist also zu tun, um dennoch durch Lesen den Zugang zu Bildung zu eröffnen?

Förderung schon vor der Schule

Zunächst bekommen die vorschulischen Bildungseinrichtungen eine größere Verantwortung: Sie müssen sich insbesondere und explizit den Kindern zuwenden, deren häusliches Umfeld nicht in der Lage ist, einen Zugang zum Lesen zu eröffnen. Da die Grundschule der Ort ist, die Kinder in die Kulturtechniken einzuführen, sind durch eine enge Zusammenarbeit zwischen Vorschuleinrichtungen und Grundschulen weit vor Beginn des Einschulungsalters Konzepte zu entwickeln, um Kinder zum Lesen zu verlocken (vgl. 1.1 Kontakt zu vorschulischen Einrichtungen). Gemeinsam sind Ideen, Pläne und Umsetzungsmöglichkeiten zu entwickeln, um den Weg für eine frühzeitige Förderung gezielt zu beschreiten.

Freude am Lesen

Spätestens mit der Einschulung beginnt der Einstieg in die Phase des Erlernens von Buchstaben und Zeichen, die erforderlich sind, um Texte zu erlesen, zu verstehen und um eigene Mitteilungen, Gedanken und Geschichten für andere Menschen verständlich zu fixieren. Nur durch das Erleben der Freude und Zufriedenheit, die das Lesen bereitet, wünschen Kinder, so bald wie möglich selbst in Büchern zu lesen. Sie verspüren den Wunsch, sich allein, ganz privat, Bekanntem zu nähern, sich während des Lesens selbst zu entscheiden, wo sie im Text innehalten, welches Bild sie intensiv betrachten. Gleichzeitig wird in ihnen der Wunsch geweckt, selbst Texte zu verfassen.

Für den Leseunterricht in der Schuleingangsstufe resultiert daraus:

Bei allem Bemühen, den Kindern die Kenntnis der Buchstaben zu vermitteln, darf auch in der Anfangszeit des Lesenlernens nicht die Lesetechnik im Vordergrund der Bemühungen stehen. Um der Technik willen lernt kein Kind das Lesen. Es muss von Anfang an für sich einen Sinn in der Beschäftigung mit Schriftzeichen erkennen. Es muss Gelegenheit haben zu entdecken, dass Lesen trotz der damit verbundenen Mühen eine freudvolle, Gewinn bringende Beschäftigung ist.

Leseförderung durch Vorlesen

Kinder müssen Erwachsene, hier also ihre Lehrkraft, selbst als lesende Menschen wahrnehmen, deren Begeisterung während des Vorlesens hörbar, sichtbar, für die Kinder erlebbar wird. Die Auswahl der Vorlesebücher ist dabei von entscheidender Bedeutung. Erwachsene lesen vor, was ihnen gefällt – nur das lesen sie gut vor. Ihr Ziel muss gleichzeitig sein, das Interesse ihrer kleinen Zuhörerinnen und Zuhörer zu wecken.

Auswahl von Kinderbüchern

Zu Beginn der Schulzeit steht bei der Auswahl der Texte im Vordergrund, bei den Kindern Vergnügen am Text hervorzurufen: Die Erinnerung an erste Begegnungen mit Astrid Lindgrens Figuren Madita oder Michel und seiner Schwester Klein Ida ist bei vielen Erwachsenen noch wach …

Daraus resultieren Auswahlkriterien für ein gutes Kinderbuch:

- → Eine für Kinder verständliche, schnörkellose Sprache, die sich nicht in Modernismen ergeht und ohne modische Füllwörter auskommt,
- → Illustrationen, die Textabschnitte erläutern, erweitern oder verdeutlichen, ohne die Phantasie der Kinder durch zu viele Details oder verniedlichende Darstellungen einzuengen,
- → eine Handlung, die für die Kinder überschaubar und nachvollziehbar ist.

(vgl. Anhang Literaturliste: Bücher zum Vorlesen und Selberlesen)

Bei vielen Kindern sind bei Eintritt in die Schule allerdings erst die Voraussetzungen für das Lesenlernen zu entwickeln. Im Folgenden sind deswegen Anregungen zur Förderung der Wahrnehmung aufgeführt, die für Kinder mit Schwierigkeiten in unterschiedlichen Bereichen hilfreich sein können.

Voraussetzungen schaffen

Schulung des Hörens und Zuhörens:

Ganz genau hinhören

→ Jeweils zwei undurchsichtige Filmdosen bekommen den gleichen Inhalt, z. B. Murmeln, Steinchen, Reis, groben Sand, Büroklammern. Beim Schütteln der Dosen erkennen die Kinder die Dosen mit dem gleichen Inhalt, wenn sie genau hinhören. Die jeweils gleichen Zeichen, auf dem Dosenboden angebracht, dienen der Selbstkontrolle bei diesem Hör-Memory.
→ Auf einem Tisch sind verschiedene Gegenstände ausgebreitet (z. B. Nagel, Schere, Löffel, Ball, Knopf). Die Kinder wenden dem Tisch den Rücken zu. Ein Kind lässt einen der Gegenstände auf die Tischplatte fallen. Die anderen Kinder raten, um welchen Gegenstand es sich gehandelt hat.
→ Alle Kinder stehen vor ihren Stühlen. Sie lauschen dem Schlag der Triangel und setzen sich erst, wenn sie nichts mehr hören.
→ Kinder gehen in Kleingruppen auf den Pausenhof. Sie nehmen Papier und Stifte mit. Die Mitte des Blattes symbolisiert den Standort. Sie zeichnen die Quellen der erlauschten Geräusche an die entsprechenden Stellen des Blattes.

Geräusche und Wörter identifizieren

→ In der Kleingruppe hören die Kinder eine Kassette/CD mit Geräuschen an. Sie versuchen die Geräuschquelle zu benennen.
→ Die Lehrkraft erzählt eine Geschichte, in der ein zuvor benanntes Wort wiederholt vorkommt. Immer, wenn die Kinder das Wort hören, melden sie sich oder legen ein Spielplättchen auf den Tisch. Dasselbe Spiel, aber mit mehreren vereinbarten Wörtern, stellt eine Steigerung der Schwierigkeit dar.

Erkennen der Wortstruktur:

Spiele mit Silben und Reimen

→ Die Namen der Kinder werden in „Robotersprache“ gesprochen.
→ Verschiedene Bildkarten, deren Bilder mehrsilbige Wörter darstellen, liegen ausgebreitet auf dem Boden. Ein Kind klatscht je nach Silbenzahl einmal, zweimal, dreimal, ... Die anderen Kinder finden heraus, welches Bild ein Wort mit der entsprechenden Silbenzahl zeigt.
→ Bildkarten liegen auf dem Boden. Jedes Kind wählt eine Karte aus und sucht ein Reimwort, das zu dem im Bild dargestellten Wort passt.
→ Ein Kind nennt ein Wort. Jedes andere Kind, das ein Reimwort dazu findet, erhält einen Muggelstein.
→ Sobald Kinder mehrsilbige Wörter hören und selbst sorgfältig artikulieren können, begleiten sie das Sprechen jeder Silbe durch das Mitschwingen eines Silbenbogens mit der Hand.
→ Eine weitere Herausforderung für die Koordination von Sprache und Körperbewegung ist das Sprechen mehrsilbiger Wörter, wenn jede Silbe von einem seitlichen Schritt in Schreibrichtung begleitet wird.
→ Einige Kinder sind schon in der Lage, das Sprechen mehrsilbiger Wörter gleichzeitig durch einen Silbenbogen mit der Hand und einen seitlichen Schritt zu begleiten. Am Ende des 1. Schuljahrs sollten alle Kinder diese Übung beherrschen.

„Kultur des Lesens“

Auch die Entwicklung einer „Kultur des Lesens“ vollzieht sich parallel zum Leselehrgang. Kinder fühlen sich unterfordert und gelangweilt, wenn sie immer wieder dieselben, wenig inspirierenden Texte laut vorlesen sollen. Sie stellen Ansprüche an ihnen zur Verfügung gestellte Texte: Sie wollen ihrem Sprachniveau angemessene Geschichten lesen. Diesem Anspruch werden Anfangs-Lesetexte in Fibeln in der Regel nicht gerecht, weil die Kinder zu Beginn des Leselern-Prozesses nur wenige Buchstaben kennen.

Das tägliche Vorlesen von zunächst kurzen Geschichten und bald längeren zusammenhängenden Bilder- und Kinderbüchern stellt einen Ausgleich dar. Die Kinder nehmen die Mühen des Lernens auf sich mit dem Ziel, bald selbst in Büchern lesen zu können. Eine schöne Motivation ist es hier natürlich immer auch, kleine Bücher selbst zu gestalten und den anderen Kindern zum „Lesen“ zu geben (vgl. KV 30: *Ich-Buch*).

Wortschatzerweiterung

Das Erlesen „sinnleerer“ Wörter (bestimmte und unbestimmte Artikel, Pronomen, Präpositionen, Konjunktionen) ist für Kinder dagegen besonders schwierig. Diese Wörter sind bei vielen Kindern weder im aktiven noch im passiven Wortschatz vorhanden, weil sie im Elternhaus oft unzureichende Sprachvorbilder haben. Sind die Eltern im Gebrauch der Sprache eingeschränkt, sind es zwangsläufig auch die Kinder. Die hier im Anfangsunterricht zu leistende Arbeit muss im Rahmen spezieller Übungen zur Erweiterung des Wortschatzes im Sprachförderunterricht stattfinden.

Die Anwendung der Lesestrategien gelingt aber in jedem Fall am sichersten durch das Lesen von Texten, die die Kinder interessieren, die für sie bedeutsam sind.

(Schul-)Bibliothek

Zum Entwickeln einer Lesekultur gehört auch das Ritual des gemeinsamen Besuches der schuleigenen Bibliothek oder, wenn sie gut zu erreichen ist, der öffentlichen Bibliothek.

Die Schulbibliothek sollte nicht nur mit Regalen ausgestattet und mit Büchern vollgestopft sein. Mit geringen Mitteln und etwas Phantasie ist der Raum wohnlich zu gestalten (vgl. auch 1.5 Gestaltung des Klassenraums: Lese-Ecke):

- → Die Bücher stehen in für Kinder leicht zugänglichen niedrigen Regalen oder Bücherwagen.
- → Pflanzen und Fensterdekorationen erzeugen eine anheimelnde Atmosphäre.
- → Unterschiedliche Sitzgelegenheiten (z. B. Sitzkissen, Leseteppiche) und ein von der Decke hängendes Moskitonetz oder ein Lesezelt laden zum Verweilen ein.

Die Kinder fühlen sich in dieser Umgebung angeregt, gleich mit dem Lesen oder Betrachten eines Buches zu beginnen. Wer noch nicht selbst lesen kann, findet bei der Lehrkraft einen gemütlichen Platz, um ein neues Buch kennen zu lernen.

Für viele Kinder ist die Krönung der Schulwoche die festgelegte „Lese-Pause“: Jeden Tag dürfen andere Klassen aus verschiedenen Klassenstufen während einer Hofpause in der Bibliothek sitzen und schmökern.

Das Angebot in einer Grundschul-Bibliothek sollte – ähnlich wie die Lese-Ecke im Klassenzimmer – Bücher aus folgenden Bereichen umfassen:
→ Bilderbücher,
→ erzählende Kinderliteratur,
→ Sachbilderbücher,
→ Sachbücher,
→ Comics.

Öffentliche Bibliotheken geben in der Regel Auskunft über Bücherlisten, wenn sich nicht innerhalb der Schule eine Gruppe engagierter Lehrkräfte bereits mit dem Thema Schulbibliothek befasst hat.

7.2 Schreiben lernen: Aufschreiben, Erstschreiben, Rechtschreiben, Abschreiben

Teilbereiche des Schreibens

Der Bereich „Schreiben" ist am Schulanfang zu gliedern in die Unterbereiche
→ „Erstschreiben":
Erlernen der Druckschrift und einer Verbundenen Schrift als Grundlage für die Entwicklung einer persönlichen Handschrift,
→ „Abschreiben":
Übung der schriftlichen Wiedergabe eines vorgegebenen Textes,
→ „Aufschreiben":
Freies Schreiben, Schreiben aus der Vorstellung,
→ „Rechtschreiben/Diktate":
Schreiben einfacher Wörter und kurzer Sätze aus dem Übungsbereich des Lese- und Schreibunterrichts nach Ansage.

Aus Gründen der Veränderung von Unterrichtsmethoden und Lernverhalten der Kinder weicht die nachfolgende Darstellung in der Reihenfolge, nicht jedoch im Inhalt von diesen Definitionen ab.

Aufschreiben: Freies Schreiben von Anfang an

Lange vor der Einschulung haben Schriftzeichen für Kinder eine Bedeutung. Sie beginnen, Schrift zu imitieren, indem sie Kritzeltexte verfassen oder versuchen, ihren Namen zu schreiben.

Lesen durch Schreiben

Zwischen dem Lesen und Schreiben besteht ein innerer Zusammenhang. Jürgen Reichen vertrat mit seiner Methode „Lesen durch Schreiben" als einer der Ersten die Auffassung, dass Kinder zuerst selbstständig Wörter, die ihnen wichtig sind, mithilfe einer Anlauttabelle aufschreiben sollen. Dabei finden sie durch genaues Abhören von Anlauten den jeweils zu schreibenden Buchstaben und setzen sich mit den Schriftzeichen zur Wiedergabe einzelner Laute auseinander. Der Erwerb der Lesefähigkeit geschieht quasi nebenbei und resultiert nicht zuletzt aus dem Bedürfnis, den selbst geschriebenen Text lesen zu können.

Festgelegter Leselehrgang

Andere Theorien gehen davon aus, dass Lesenlernen durch eine sukzessive Einführung in die Kenntnis aller Buchstaben des Alphabets, das Üben der Buchstaben-Laut-Zuordnungen in einer im Leselehrgang festgelegten Reihenfolge und deren Übung in unterschiedlichen Kontexten erfolgen müsse. Schrift wird hier parallel zum Leselehrgang erworben.

Synthese der Methoden

Grundsätzlich treffen – im Rahmen der gültigen Lehr- und Bildungspläne – die Lehrkräfte die Entscheidung, wie die Kinder lesen lernen sollen. Die Bedürfnisse und die Aufnahmefähigkeit sowie das unterschiedliche Lernverhalten der Kinder sind unabhängig von der Lese-Lehr-Methode entscheidende Kriterien für die Gestaltung des Unterrichts. Um allen Kindern gerecht zu werden, ist es sicher sinnvoll, einen der – inzwischen sehr zahlreichen – Leselehrgänge auszuwählen, die eine Synthese der unterschiedlichen Theorien und Methoden anbieten (vgl. Huber, L./Kegel, G./Speck-Hamdan, A.: Einblicke in den Schriftspracherwerb. Braunschweig: Westermann Schulbuchverlag 1998).

Anlauttabelle

Die wichtigste Voraussetzung für Freies Schreiben wird geschaffen, wenn den Kindern von Anfang an der gesamte Bestand der Buchstaben in einer Anlauttabelle verfügbar gemacht wird. Spiele und in den Gebrauch der Anlauttabelle einführende Übungen vermitteln den Kindern Sicherheit. Die Kinder lernen, Laute und Buchstaben einander zuzuordnen. Sie orientieren sich an der gesprochenen Sprache und schreiben ihnen wichtige, oft lange und schwierige Wörter lautgetreu auf. Dabei wird der unterschiedliche Entwicklungsstand der Kinder sichtbar. Neben Kindern, die bereits kleine lauttreue Texte verfassen, gibt es andere, die ihre Mitteilungen zunächst in Bildern festhalten. Wieder andere geben sich mit einzelnen Wörtern zufrieden, die sie bereits zu schreiben gelernt haben.

Freies Schreiben

Kinder, die gern Geschichten verfassen, müssen dabei ermutigt werden und Bestätigung erfahren. Rügen für unvollkommene Rechtschreibung ermutigen Kinder nicht. Beim Freien Schreiben stehen eindeutig die Phantasie und das Ausdrucksvermögen der Kinder im Vordergrund. Für die Kinder zählt am Anfang allein die Aussage: „Ich kann lesen, was du geschrieben hast." Etwas später ist dies zu erweitern: „Ich kann lesen, was du geschrieben hast. Damit aber alle Menschen lesen können, was du erzählen willst, hören wir uns ein paar Wörter genauer an und prüfen, ob du keinen Laut vergessen hast." Dann erfolgt mit dem Kind gemeinsam die erste Erarbeitung der Rechtschreibung: Wir prüfen gemeinsam, ob alle Laute gehört und aufgeschrieben worden sind. Die meisten Wörter der deutschen Sprache werden lautgetreu geschrieben, ihre richtige Schreibung ist primäres Ziel des Rechtschreibunterrichts im 1. Schuljahr. Die Kinder müssen immer wieder daran erinnert werden, sich die Wörter langsam und deutlich vorzusprechen, um die Abfolge der Laute wahrzunehmen. Für die konsequente Erarbeitung von Rechtschreibregeln ist es im Anfangsunterricht zu früh. Erst im Alter von 9 bis 12 Jahren sind Kinder in der Lage, Rechtschreibregeln zu erfassen und anzuwenden – Geduld ist hier von Nöten. Erst wenn Kinder von sich aus fragen, ob ein Wort richtig geschrieben ist, signalisieren sie Bereitschaft, sich an Rechtschreibkonventionen zu orientieren. Dann ist es Zeit, ihnen gezielte Hilfen zu geben.

Lauttreues Schreiben als Rechtschreibregel

Defizite ausgleichen

Kindern, die Defizite in ihrer Sprachentwicklung (Sprach- oder Lautbildungsstörungen) oder zu geringe Sprachkenntnisse haben, fällt der Erwerb der Schriftsprache nachvollziehbar schwer. Deshalb ist es wichtig, solche Defizite zu erkennen und lange vor dem Schuleintritt zu therapieren. Doch auch diese Kinder wollen schreiben. Für sie stellt es eine Hilfe dar, wenn sie einfache, kurze und lautgetreu geschriebene Wörter von einer Vorlage erlesen und sie dann aus dem Gedächtnis aufschreiben können. Auch Karten mit Bildern, deren Rückseite das Wortbild zeigt, sind hier sinnvoll einzusetzen: Die Kinder schauen das Bild an, schreiben das Wort, das im Bild dargestellt ist, auf, indem sie versuchen, sich die einzelnen Buchstaben vorzusprechen, und haben anschließend die Möglichkeit der Selbstkontrolle. Haben sie einen Fehler gemacht, korrigieren sie das Wort selbstständig.

Für Kinder, die zwar gern Geschichten erfinden, sich aber nicht zutrauen, sie selbst aufzuschreiben, gibt es die Möglichkeit, schreibkundigen Kindern (evtl. aus höheren Klassen) oder der Lehrkraft ihre Geschichte zu diktieren.

Schreibanlässe

Schreibanlässe für das freie Schreiben können sein:
- → Einen Brief an die Freundin, den Freund, die Lehrkraft schreiben,
- → Texte zu Fotos oder Bildern (aus einer ständig verfügbaren, von der Lehrkraft erstellten Sammlung) schreiben,
- → Geschichten in jahreszeitlich passende „Rahmen" schreiben (vgl. KV 3–8: *Rahmen für freies Schreiben*) und solche zunehmend selbst erfinden und gestalten,
- → eine Geschichte, deren Anfang vorgelesen wird, nach eigenen Ideen beenden,
- → ein Buch zu einem Sachthema zusammenstellen und mit eigenen kleinen Texten, die zu Beginn auch nur aus einem Wort bestehen können, versehen,
- → Rätsel erfinden und aufschreiben,
- → Bilder beschriften,
- → Merkzettel erstellen,
- → Einkaufszettel schreiben.

Schreibkonferenzen

Interessante Ergebnisse entstehen, wenn Kinder mit selbst gewählten Partnerinnen oder Partnern Geschichten schreiben.

Schon ab Mitte des 1. Schuljahrs, wenn die meisten Kinder Geschichten schreiben und selbst vorlesen können, bietet es sich an, auf die Arbeit in Schreibkonferenzen vorzubereiten. Die Kinder lernen, sich zu einer Geschichte zu äußern („... hat mir gefallen.", „Nicht so gut war ...") und allmählich ihre Aussagen zu präzisieren oder die Geschichte unter einem vorher festgelegten Aspekt zu betrachten.

Erstschreiben

Schreibvorbereitung

Der Knochenaufbau der Hand sechsjähriger Kinder ist noch nicht abgeschlossen: Die Handwurzelknochen sind nur teilweise angelegt und die Entwicklung der Feinmotorik ist noch nicht ausgereift. Deshalb beginnt der Schreibunterricht mit geeigneten gestaltenden Arbeiten zur Schreibvorbereitung:
- → Kneten:
  Dabei wird die Muskulatur beider Hände und der Unterarme trainiert.
- → Malen und Zeichnen:
  Durch den Wechsel in der Beanspruchung trainieren die Kinder die Grob- und die Feinmotorik.

- → Ausmalen:
  Die Feinmotorik wird durch Anmalen eingegrenzter Flächen entwickelt.
- → Falten, Reißen, Schneiden und Kleben:
  Übungen für die Auge-Hand-Koordination, an denen beide Hände beteiligt sind.
- → Hand- und Fingerspiele.

Der Anteil solcher Übungen zur Schreibvorbereitung nimmt im Laufe des Schuljahrs stetig ab.

Druckschrift

Die erste Schrift, die Kinder lesen und schreiben lernen, ist die Druckschrift (Gemischtantiqua). Mit ihr haben sie bereits vor der Schule erste Erfahrungen gemacht, sie begegnet ihnen im Alltagsleben am häufigsten. Ihre klare Gliederung in Einzelelemente erleichtert das Lesen: Sie besteht aus den Grundschwüngen Senkrechte, Oval (Schreibrichtung nach links oder rechts), Girlande, Arkade. Die deutliche Trennung der Buchstaben voneinander und ihre eindeutige Form sichern die gute Schreib- und Lesbarkeit. Es gibt unterschiedliche Druckschriften – die Auswahl orientiert sich in der Regel an der Schrift, die der Leselehrgang verwendet.

Einführung eines Buchstabens

Die Einführung eines Buchstabens erfolgt nach dem Prinzip „von der großen zur kleinen Bewegung". Die Lehrkraft führt, vor den Kindern stehend, mit großen Bewegungen in der Luft den Schreibablauf spiegelverkehrt vor (nicht mit dem Rücken zu den Kindern stehend, weil dann keine Kontrolle möglich ist). Sie spricht einen Schreibspruch dazu, der durch seinen Rhythmus die Schreibbewegung unterstützt. Die Kinder stehen mit Blickkontakt zur Lehrkraft und bewegen sich nach deren Vorbild. Nach mehrmaligem Wiederholen prägt sich den Kindern auch der Schreib-Spruch ein, der den Bewegungsablauf beinhalten sollte. An der Tafel stehen mehrere große Hohlbuchstaben mit Kennzeichnung der Reihenfolge der Bewegungen. Wiederholtes Schreiben (mit dem Finger auf den Rücken des Nachbarkindes, in die eigene Handfläche, auf den Oberschenkel, auf der Tischplatte) sichert den Bewegungsablauf. Es schließen sich Übungen, z. B. an verschiedenen Schreib-Lern-Stationen (vgl. 6.3.2 Lernen an Stationen), an:

- → Nachspuren auf großen Papierbogen mit Wachsmalkreide,
- → Schreiben in Sand (Vogelsand auf einem Tablett),
- → Schreiben mit Wachsmalstiften oder mit dicken Buntstiften auf ein Blatt Papier,
- → Buchstaben, die in einem Schriftzug geschrieben werden, eignen sich zum Nachgehen auf dem Boden,
- → Kneten des Buchstabens.

Schreiben in Lineatur

Erst nach intensiv ausgeführten vorbereitenden Übungen schreiben die Kinder in Linien. Auch hier gilt das Prinzip „von der großen zur kleinen Form". Individuell angepasst an den Entwicklungsstand der Kinder schreiben sie in die angemessene Lineatur. Zur besseren Orientierung im Liniensystem hält der Schreibwarenhandel Hefte mit farbigem Untergrund bereit. Anfangs ist es sinnvoll, mithilfe eines „Schreibhauses“ an der linken (und für Linkshänder möglichst auch an der rechten) Seite der Lineatur die Ober- und Unterlängen zu verdeutlichen.

Äußere Bedingungen

Um eine unverkrampfte Schrift zu erlangen, sind angemessene äußere Bedingungen Voraussetzung:
→ Tisch und Stuhl sind der Größe der Kinder angepasst,
→ das Licht darf keinen Schatten der Schreibhand auf die Schreibfläche werfen.

Sitzhaltung

Das Kind nimmt die korrekte Sitzhaltung ein und lernt, selbst darauf zu achten:
→ Die Oberschenkel liegen auf dem Stuhl auf, die Unterschenkel stehen senkrecht, die Füße stehen nebeneinander auf dem Boden. Der Stuhl steht so, dass sich die Kinder beim Schreiben nicht anlehnen können und möglichst mit offenem Hüftwinkel sitzen. Dann lastet das Gewicht des Oberkörpers nicht auf den Armen. Die Unterarme haben auf der Tischplatte ihren Platz, die Hand, die nicht schreibt, hält das Heft fest.
→ Der Abstand zwischen Auge und Schreibfläche beträgt ca. 30 cm.
→ Das Heft liegt bei Rechtshändern etwas linksgeneigt, bei Linkshändern rechtsgeneigt.
→ Das Schreibgerät (zu Anfang ein dicker, weicher Bleistift, Härte HB oder 2B), liegt locker in der Hand, Daumen und Zeigefinger halten es im Pinzettengriff.

Verbundene Schrift

Voraussetzung für das Erlernen einer verbundenen Schrift ist eine bereits beim Schreiben der Druckschrift gewonnene Sicherheit und Entwicklung der Feinmotorik. Die Einführung der verbundenen Schrift sollte frühestens im 2. Halbjahr des 1. Schuljahrs beginnen. Je länger der Beginn (bis Mitte des 2. Jahrgangs möglich) hinausgeschoben wird, desto unkomplizierter gestaltet sich die Einführung. Auch hier gilt das Prinzip des fortschreitenden Schwierigkeitsgrades: Buchstaben mit gleichen oder ähnlichen Grundformen und Bewegungsabläufen werden nacheinander eingeführt. Bewegungsabläufe, die grundsätzlich anders als in der Druckschrift auszuführen sind, müssen mit Schwungübungen vorbereitet werden. Es ist darauf zu achten, dass nur Buchstaben in verbundener Schrift eingeführt werden, die die Kinder bereits lesen können.

Rechtschreiben/Diktate

(Halb-)Phonetische Phase

Zu Beginn des ersten Schuljahres befinden sich altersentsprechend entwickelte Kinder in der halbphonetischen oder phonetischen Phase.

In der halbphonetischen Phase wissen sie, dass jedem Laut ein Buchstabe zuzuordnen ist. Bei selbstständigem Schreiben von Wörtern bilden sie häufig nur die prägnanten Laute ab, z. B. „PP“ für Puppe. Die kurz gesprochenen Vokale sind für das Kind noch nicht eindeutig zu identifizieren. Neben diesen Ansätzen der Laut-Buchstaben-Zuordnung beginnen sie auch, Wortgrenzen zu markieren.

In der phonetischen Phase schreiben die Kinder Wörter lautgetreu. Sie halten die Wortgrenzen sicher ein und wenden zunehmend erste Rechtschreibmuster an (Groß-/Kleinschreibung, Endung -er).

Es ist allerdings selten möglich, die Kinder eindeutig einer Entwicklungsphase zuzuordnen, da die Übergänge fließend sind.

Normgeleitetes Schreiben

Um die orthografisch richtige Schreibweise zu erlernen, müssen sowohl freies Schreiben als auch normgeleitetes Schreiben von Anfang an ihren Platz im Unterricht haben. Es ist jedoch nochmals festzuhalten: Die von Kindern zu Beginn ihrer Schulzeit geschriebenen Geschichten sollten nicht rechtschriftlich korrigiert werden. Eine rigorose Korrektur der ersten Texte (auf der viele Eltern bestehen) kann bewirken, dass Kinder sich nicht mehr so ausdrücken, wie sie es für richtig halten. In dem Bemühen, der Lehrkraft (oder den Eltern) zuliebe möglichst alles orthografisch richtig zu schreiben, schränken sie sich bewusst oder unbewusst im Gebrauch der Sprach- und Ausdrucksvielfalt ein. Die Phantasie und das Bedürfnis vieler Kinder, sich einer gepflegten Sprache zu bedienen, leiden unter zu früher und eingreifender Korrektur (vgl. z. B. Valtin, R.: Rechtschreiben lernen in den Klassen 1–6. Frankfurt/M.: Arbeitskreis Grundschule 2000; Dummer, L./ Hackethal, R.: Handbuch zum Kieler Leseaufbau. Kiel: Veris Verlag 1994).

Grundwortschatz aufbauen:

Die Kinder sollen im Laufe der Grundschulzeit einen Bestand von Wörtern erwerben, deren Schreibung ihnen geläufig ist, den so genannten Grundwortschatz, der in einigen Bundesländern fest vorgegeben ist.

– Wörter sammeln

→ Die Arbeit mit einer Wörterkiste oder einer anderen Sammlung des Wortschatzes dient zum Beispiel dem kontinuierlichen Aufbau eines sicher verfügbaren Wortbestandes. Wenn Kinder ein Wort nicht sicher schreiben können, schauen sie in ihrer Kiste, in ihrem Wörterheft oder ihrer Kartei nach, ob sie es finden.

– Wörter diktieren

→ Wenn ihnen bald nach Schulbeginn erste Wörter diktiert werden, die sie aus ihrer Vorstellung schreiben sollen, hilft den Kindern die Auswahl von lautgetreu geschriebenen Wörtern. Sie lernen dabei auch, während des Schreibens leise mitzusprechen. Von Anfang an erhalten die Kinder dabei die Möglichkeit, das Geschriebene selbst zu kontrollieren, z. B. durch das nachträgliche Anschreiben der Wörter an der Tafel. Ist ein Wort nicht richtig geschrieben, korrigieren die Kinder es selbst.

– Partnerdiktat

→ Erste kurze Partnerdiktate mit dem bereits verfügbaren Wortbestand sind eine weitere Übungsmöglichkeit. Dafür finden die Kinder in Schachteln aufbewahrte Streifen, auf denen mehrere Wörter oder kurze, einfache Sätze stehen. Sie sind an einem festgelegten Ort des Klassenzimmers ständig verfügbar. Der Wörterstreifen bietet gleichzeitig beiden Partnern die Möglichkeit der Kontrolle.

– Dosendiktat

→ Lernwörter, in Dosen an einem festgelegten Ort aufbewahrt, werden von den Kindern zu Beginn als Einzelwörter gelesen, memoriert und dann an ihrem Platz aufgeschrieben. Die Kontrolle erfolgt in der Nähe der Dose.

Diese Arbeitsformen und Übungen sind gut in Tages- oder Wochenpläne zu integrieren.

Abschreiben

Strategie

Kinder müssen auch lernen, kurze Mitteilungen oder Texte abzuschreiben. Eine Strategie für das richtige Abschreiben kann folgender Ablauf sein:

→ Lies dir leise den ganzen Satz vor (oder: bis zum Ende der Zeile; oder: bis zum Punkt).
→ Schau dir dann das erste Wort an. Lies es leise, schreib es auf dein Blatt, sprich dabei die Buchstaben leise mit.
→ Schau nach, ob du keinen Buchstaben vergessen hast.
→ Mach es genauso mit den anderen Wörtern.

8 Rechnen lernen: Offenheit und Zielorientierung

8.1 Arithmetik

Strukturelle Offenheit

Wie beim Schriftspracherwerb bezieht sich die Forderung nach mehr Offenheit auch im Anfangsunterricht der Mathematik nicht nur auf die organisatorische Ebene, da daraus oft reiner Aktionismus resultiert. Die Merkmale eines modernen Mathematikunterrichts sollen vielmehr auch strukturell Offenheit und Zielorientierung sein. Die Kommunikation über Lösungswege ist grundlegendes Element solchen Arbeitens. Das macht sowohl die inhaltliche als auch die methodische Öffnung des Unterrichts notwendig (vgl. auch: Die Grundschulzeitschrift: Sonderdruck Mathematik: Offener Mathematikunterricht in der Grundschule, Bd. 1: Arithmetik. Velber: Friedrich Verlag).

Inhaltliche Öffnung

Inhaltliche Öffnung bezeichnet ein Lernen in Sinnzusammenhängen, stellt ein Problem oder eine mathematische Tätigkeit wie das Erkunden von strukturellen Zusammenhängen in den Mittelpunkt des Unterrichts. Das Wissen über Zahlen und Zahlzusammenhänge, das die Kinder in die Schule mitbringen, haben sie in Alltagssituationen erworben. Auf dieses Wissen muss der Unterricht aufbauen. Einerseits bedeutet das, dass die Kinder nicht auf das Rechnen in einem festgelegten Zahlenraum beschränkt werden. Kinder mit großem Vorwissen zählen beispielsweise eine ganze Schachtel voll Kastanien, während andere Kinder kleinere, für sie überschaubare Mengen wählen. Die Lehrkraft hat dabei die Aufgabe, die Kinder beim Arbeiten zu beobachten: Ordnen die Kinder jeweils einem Element eine Zahl zu, wenn sie die Anzahl der Menge ermitteln wollen? Beginnen sie beim Abzählen immer wieder von vorn oder setzen sie die Zahlenreihe kontinuierlich fort?

Andererseits sollte auf die vorschulischen Erfahrungen aufgebaut werden, indem mathematische Probleme nach Möglichkeit in Alltagssituationen eingebettet werden. Das hat neben der Einsicht in den praktischen Nutzen des Rechnen-Könnens den Vorteil, dass Kinder durch den handelnden Umgang mit Materialien aus ihrer unmittelbaren Umgebung meist leichter den Zugang zur Lösung mathematischer Probleme finden. Routineübungen verlieren demgegenüber an Bedeutung.

Methodische Öffnung

Die methodische Öffnung des Mathematikunterrichts, die damit zwangsläufig einhergeht, muss vor allem das Ziel haben, die individuellen Vorgehensweisen und die eigenen Lernwege zu würdigen. Der Mathematikunterricht wird nicht mehr in kleine Lernschritte zergliedert. Es werden nicht mit allen Kindern einheitliche Rechenverfahren ausgeführt und eingeübt. Fehler sind nicht Zeichen für Dummheit, sondern Chancen für das Weiterentwickeln eigener Fähigkeiten durch die Fragestellung, wie dieser Fehler entstanden sein könnte.

Beispiel: Zählen

Ein Beispiel: Die Kinder zählen Früchte, die sie mitgebracht haben. Sie vergleichen die Ergebnisse im Gesprächskreis und erklären die Vorgehensweise: Beim Zählen machen sie für jede Frucht einen Strich, sie fassen die Striche gleich in Fünferpakete zusammen oder sie finden eine andere Art der Notation. Sie äußern Vermutungen, wie Fehler entstehen könnten:

- → Sie vergleichen ihre Ergebnisse.
- → Sie stellen möglicherweise Abweichungen fest.
- → Sie äußern Vermutungen über den Grund für die Abweichungen.
- → Sie beseitigen mögliche Fehler.

Rechenwege diskutieren

Eine solche Arbeitsweise macht es erforderlich, dass die Kinder beständig miteinander über die Lösungen und die Lösungswege sprechen. Während sich das vortragende Kind bemüht, den Zuhörenden seinen Lösungsweg verständlich zu machen, haben die Zuhörenden die Aufgabe, die Fehlerstelle im Denk- und Argumentationsnetz zu finden. Die Darlegung des eigenen Rechenweges einerseits und das Bemühen um Verstehen andererseits sind die Fundamente des Mathematikunterrichts.

Zielorientierung

Dem folgend ist nicht ausschließlich die schnelle Beherrschung einer Technik das Ziel, sondern das Verständnis für das Verfahren.

Zielorientierung bedeutet für den Mathematikunterricht daher zum Beispiel: Wenn ein Kind eine Lösungsstrategie konsequent anwendet, obwohl sie in einem höheren Zahlenraum nicht zum Ziel führt, muss es auf einen anderen Weg geführt werden. Ein Beispiel für eine solche Strategie ist das Lösen von Additions- und Subtraktionsaufgaben durch Weiterzählen oder Rückwärtszählen. Ein Scheitern bei der Erweiterung des Zahlenraumes ist vorprogrammiert. Dem Kind müssen Alternativen angeboten werden.

Schulung des Zahlenblicks

Allen Zielen übergeordnet ist im Anfangsunterricht die Schulung des Zahlenblicks. Bevor eine Aufgabe gerechnet wird, soll sie zunächst auf ihre Struktur hin betrachtet werden: Was ist das für eine Aufgabe? Ist sie leicht oder schwer? Kann ich sie einfacher machen? Benötige ich „Tricks" zur Lösung? Kann ich sie geschickt verändern?

Die Kinder entwickeln dabei methodische Vorgehensweisen, die mathematische Einsichten ermöglichen. Dazu gehört im Anfangsunterricht natürlich auch die Hinführung zum Zahlverständnis, die zuallererst über die Erkenntnis geschieht, dass sich eine Anzahl unterschiedlich zusammensetzen lässt. 9 Kastanien lassen sich zum Beispiel in unterschiedlichen Zweiergruppen von 1 + 8, 2 + 7 usw.

darstellen – oder in Dreiergruppen von 3 + 4 + 2, 6 + 2 + 1 usw. Dieses Gruppieren ist eine Grundvoraussetzung flexiblen Rechnens.

Anzahlen gruppieren

Schon in den ersten Mathematikstunden bekommen die Kinder deswegen Gelegenheit, Anzahlen immer wieder neu zu gruppieren. Dabei erkennen sie zunehmend Anzahlen, die sie bereits simultan erfassen können. Im Anfangsunterricht ist es sinnvoll, zu solchen Teilgruppierungen so genannte Zahlensätze wie folgt notieren zu lassen:

9	
4	5
2	7

usw.

Die Notation erfolgt dabei je nach Lernstand durch Ziffern, die die Kinder schon schreiben können, durch Strichlisten oder durch Symbole, die sie für die gezählten Gegenstände einsetzen. Die Kinder werden durch solche Übungen allmählich sicher in der Zahlzerlegung und entdecken, dass jede beliebige Anzahl von realen oder dargestellten Einzelelementen unterschiedlich gruppiert werden kann.

Zehnerraster

Stellen die Kinder diese Gruppierungen im Zehnerraster dar, wird bereits der Grundstein für die Erarbeitung von Strategien für Addition und Subtraktion gelegt und Problemen bei der Zehnerüberschreitung vorgebeugt.

Zehnerraster:

Die Zahl 7 beispielsweise kann in diesem Raster in verschiedenen Varianten gelegt werden. Die Kinder führen die Zerlegung der Zahl in vielen Zusammenhängen aus. Gleichgültig, wie die sieben Elemente in das Raster eingeordnet werden, immer bleiben drei Felder des Zehnerrasters leer. Das Angebot eines solchen Zehnerrasters zum Zählen und zum Anordnen von Mengen schult den „Zahlenblick“.

Solche grundlegenden Übungen führen die Kinder unabhängig von dem jeweils eingeführten Mathematik-Lehrgang in den ersten Tagen und Wochen des 1. Schuljahrs aus. Sie sind leicht in alle Formen des geöffneten Unterrichts zu integrieren.

Zahlen-Buch

Vorkommen und Bedeutung von Zahlen (auch größeren als den bisher gelernten) in Alltag und Umgebung der Kinder kann sehr schön anhand eines kleinen Zahlenbuchs in den Unterricht integriert werden (vgl. KV 31: *Zahlen-Buch*). Vor allem das Vergleichen der Bücher untereinander kann Ausgangspunkt interessanter Diskussionen über Zahlen sein.

8.2 Geometrie

Fälschlich untergeordnete Stellung

„Ohne eine frühe Förderung geometrischer Vorstellungen ist keine mathematische Grundbildung möglich.“ (Hagstedt, H.: Natürliche Geometrie. In: Die Grundschulzeitschrift, Heft 138, Oktober 2000, S. 6, Velber: Friedrich Verlag) Überwiegend nimmt die Geometrie im Anfangsunterricht aber eine untergeordnete Stellung ein. Der Arithmetik wird Priorität eingeräumt – wohl ausgehend von der Vorstellung, das eine habe mit dem anderen wenig zu tun (vgl. auch: Die Grundschulzeitschrift: Sonderdruck Mathematik: Offener Mathematikunterricht in der Grundschule, Bd. 2: Geometrie und Sachrechnen. Velber: Friedrich Verlag).

Mathematische Einsichten

Die Einbeziehung der Geometrie von Anfang an bietet jedoch Möglichkeiten, Kinder durch selbstständige Forschung mathematische Einsichten gewinnen zu lassen. Wenn sie beispielsweise aktiv in die Ausgestaltung und Aufteilung des Klassenzimmers einbezogen werden (vgl. 1.5 Gestaltung des Klassenraumes), entdecken sie, dass sie nicht planlos ihren Raum füllen können. Sie überlegen, was in ihrem Klassenzimmer Platz finden soll. Sie werden Ideen entwickeln, um herauszufinden, wie viel Platz eine Lese-Ecke, ein Spielteppich oder die beliebte Murmelbahn einnimmt – und ob außerdem noch Raum ist für eine Experimentier-Ecke, einen Knet-Werk-Bastel-Platz oder eine Theaterwerkstatt.

Reale Erfahrungen

Ziel ist, die Kinder nicht in „synthetischen“ Situationen an die Geometrie heranzuführen. Sie sollen vielmehr in einer ihre Interessen berührenden Wirklichkeit Erfahrungen mit dem Messen und Rechnen machen. Sie erkennen, dass sie etwas Nützliches tun, und sie profitieren von ihren Überlegungen und Anstrengungen, z. B.:

→ Bei Unterrichtsgängen und auf dem Schulhof wird ihr Blick für geometrische Formen in ihrer Alltagswelt geschärft.
→ Beim Falten verschiedener Tier- und Pflanzenformen (Origami) entdecken die Kinder geometrische Formen während gleichzeitig ihre Motorik geschult wird.
→ Mithilfe hölzerner Würfel und Quaderbausteine entdecken sie die dritte Dimension.

Arbeitsverhalten und -ergebnisse

Auch in diesen Lernsituationen fällt der Lehrkraft die Aufgabe des Beobachtens zu:
→ Setzen die Kinder sich im Gespräch mit ihrer Aufgabe auseinander?
→ Diskutieren und begründen sie Vorschläge?
→ Arbeiten sie in einer Gruppe oder versuchen sie allein zu arbeiten?
→ Beteiligen sich Kinder aktiv an der Lösung der Probleme oder schauen sie lieber zu?

Bei allen Aufgaben ist es wichtig, dass die Kinder im Rahmen ihrer Möglichkeiten Arbeitsergebnisse fixieren, anfangs in Form von Zeichnungen und später in einfachen schriftlichen Notizen. Dabei kommt der Fächer verbindende Aspekt der Geometrie zum Tragen.

9 Sachunterricht: Einsicht durch Handeln

Sachunterricht von Anfang an

Sachunterricht in der Grundschule hat die Aufgabe, Kindern den Zugang zu Themen der Fachbereiche Biologie, Chemie, Geografie, Physik, Sozialkunde/Gemeinschaftskunde auf eine ihrem Alter angemessene Weise zu eröffnen. Aus ihrem Lebens- und Erfahrungsbereich stehen der Mensch, die Natur und die von Menschen gestaltete Umgebung, die Technik und das Zusammenleben von Menschen im Blickpunkt.

Auch wenn zu Beginn der Schulzeit die Einführung in das Lesen, Schreiben und Rechnen im Vordergrund steht, darf darüber von Anfang an nicht der Sachunterricht aus dem Blick geraten. Die Möglichkeit, durch Handeln Einsichten zu gewinnen, macht den Sachunterricht bedeutsam für Entwicklung und Training der rechten Gehirnhälfte.

Bedürfnis, das Wissen zu erweitern

Die Faszination, die vom Experimentieren, Beobachten, Erproben und anderen fachspezifischen Arbeitsweisen ausgeht, macht für viele Kinder Schule erst interessant. Sie erleben, dass es notwendig ist, lesen zu lernen, um selbstständig Informationen zu gewinnen. Sie wollen schreiben lernen, um ihre Beobachtungen festzuhalten. Sie bemühen sich, ihre Erkenntnisse auszudrücken, um sie an andere Kinder weiterzugeben. Sie erkennen, dass Zeit, Maße und Gewichte notwendig sind, um genaue Angaben im Hinblick auf ihre Beobachtungen machen zu können.

Exemplarische Beispiele wecken in den Kindern Fragen und das Bedürfnis, durch eigene Erkundungen und Experimente ihr Wissen zu erweitern. Entscheidend ist dabei, gemeinsam mit den Kindern Themen zu finden, die sie interessieren.

Geöffneter Sachunterricht

In geöffnetem Unterricht hat der Sachunterricht von Anfang an seinen festen Platz. Den Kindern Materialien zur Verfügung zu stellen und ihnen Anregungen für deren Verwendung zu geben, ist der erste Schritt. Die Kinder in handlungsorientiertem Unterricht selbstgesteuert arbeiten, Schlüsse ziehen und Erkenntnisse auf andere Situationen übertragen zu lassen, der zweite.

Als Beispiel sei hier ein Thema aus der Physik, die Elektrizität, angeführt: Eine Kiste, die Batterien, Kabel, Glühlämpchen, leitende und nichtleitende Materialien sowie Holz für die Montage eines von Kindern erarbeiteten Stromkreises enthält, regt zu vielfältiger Beschäftigung mit dem Thema an.

Im Fachbereich Biologie werden die Kinder an grundlegende Beobachtungs- und Pflegeaufgaben herangeführt, wenn beispielsweise Blumentöpfe, verschiedenes Füllmaterial und unterschiedliches Saatgut bereitstehen.

Eigenes Tun

Lehrbücher für den Sachunterricht gibt es schon für die Schuleingangsstufe. Sie können Anregungen geben, dürfen aber nicht an die Stelle eigener Erforschung, Erkundung und Experimente treten. Vielmehr wecken Unterrichtsgänge an den Feldrain, in den Wald oder auf eine Wiese das Interesse für Flora und Fauna und lehren die Kinder, genau auf ihre Umgebung zu achten. Gemeinsame Gänge führen auch zu einer Orientierung in der Umgebung der Schule und zu ersten Versuchen, Wege zu beschreiben und schriftlich festzuhalten.

Konfliktbewältigung

Konflikte aufzuarbeiten und mit den Kindern Strategien zur Konfliktvermeidung sowie zur Konfliktlösung zu entwickeln, muss ebenfalls im ersten Schuljahr begonnen werden. Anhand von Rollenspielen gilt es, Gestik, Mimik und Körpersprache zu entschlüsseln. Viele Kinder haben vor der Einschulung nicht gelernt, nonverbale Ausdrucksweisen zu deuten und reagieren aufgrund dieser Unsicherheit in vielen Situationen nicht angemessen (vgl. KV 11–13: *Gesichter/Gesten/ Körpersprache deuten*).

Ganzheitlich lernen

All dies ist in den Zusammenhang mit der Entwicklung altersangemessener Sprache, mit Mathematik, Kunst-, Musik- und Bewegungserziehung zu stellen, damit die Kinder die Chance haben, ganzheitlich und mit allen Sinnen zu lernen.

Zur Unterstützung ihrer Arbeit ist es gerade im Sachunterricht von großer Bedeutung, die Kinder schon am Beginn ihrer Schulzeit an das Nutzen von Informationsquellen heranzuführen: Bücher, Rechner mit Internetanschluss, Menschen mit besonderem Wissen müssen fest in den Unterricht eingebunden sein, um alle Fragen beantworten zu können und die Kinder erleben zu lassen, dass viele Antworten wiederum zu neuen Fragen führen.

10 Musisch-ästhetische Erziehung von Anfang an

Thematische Einbindung

Der Unterricht in der Schuleingangsstufe umfasst bereits alle in den weiterführenden Schulen erteilten Schulfächer. Die Unterrichtsmethoden unterscheiden sich jedoch erheblich. Aufgabe der Grundschule ist es, grundlegende Fähigkeiten und Fertigkeiten zu vermitteln. Das geschieht nur zum Teil nach Unterrichtsfächern gegliedert in klar begrenzten Unterrichtssequenzen.

Im Idealfall arbeiten die Lehrkräfte einer Klasse im Team: Sie planen gemeinsam, welche Unterrichtsziele auf welchen Wegen innerhalb einer Woche erreicht werden sollen. Dadurch sind alle Lehrkräfte informiert über das, was die Kinder in allen Bereichen des Unterrichts lernen sollen. Ein Vorteil der gemeinsamen Planung für eine Lerngruppe liegt unter anderem darin, dass der musisch-ästhetische Bereich des Unterrichts von allen gemeinsam gestaltet werden kann und in Fächer verbindendem Unterricht thematische Einbindung erfährt, so dass die Kinder z. B. Lieder lernen, die allen Lehrkräften bekannt sind.

Teil der täglichen Unterrichtsarbeit

Musik und Kunst werden bei Fächer verbindendem Arbeiten in geöffnetem Unterricht anders gewichtet als in herkömmlich nach Fächern gegliedertem Unterricht mit jeweils nur einer Stunde Musik und Kunst und vielleicht zwei Stunden Sport in der Woche. Musik, Kunst und Bewegung werden selbstverständlicher einbezogen in den täglichen Unterricht, weil die Zeit dafür nicht auf ein Mindestmaß reduziert wird: Kinder können Bilder oder andere Gestaltungsaufgaben fertig stellen, wenn sie Entspannung brauchen, Musik noch einmal hören, wenn sie

Anregungen für eigene Klangexperimente suchen. Die Entwicklung der rechten Gehirnhälfte wird wesentlich gefördert durch die intensive Einbeziehung musisch-ästhetischer Fachbereiche, die ihre Fortführung finden z. B. im Lernen der Buchstaben und Zahlen mit allen Sinnen. Die Kinder öffnen sich so dem Neuen bereitwilliger und nehmen den zu vermittelnden und von ihnen zu erarbeitenden Unterrichtsstoff besser auf.

10.1 Musik und Bewegung täglich

Musik selbst umsetzen

Musikunterricht darf sich von Anfang an nicht auf das Singen, Hören und Kennenlernen von Musik beschränken. Bedeutende schöpferische Prozesse laufen vor allem auch dann ab, wenn Kinder Musik in Bewegung, Sprache in Musik und Rhythmus sowie Musik und Sprache in Bilder umsetzen. Melodien und einfache Begleitungen selbst zu entdecken, zu erfinden und auszuprobieren weckt in Kindern emotionale Kräfte (zum Musikunterricht vgl. Helms, S./Schneider, R./ Weber, R.: Handbuch des Musikunterrichts, Bd. 1: Primarstufe. Kassel: Gustav Bosse 1997).

Voraussetzungen für Schriftspracherwerb

Das Sprechen rhythmischer Verse, das Singen und Spielen fördern außerdem sowohl bewusstes Sprechen als auch die Wahrnehmung von Sprachstrukturen und schaffen damit ganz wesentliche Voraussetzungen für den Schriftspracherwerb, die – wie bereits erwähnt – vielen Kindern deutscher und nicht-deutscher Herkunft bei Schuleintritt fehlen. Schule muss hier kompensatorisch wirken, wenn sie erfolgreich lesen und schreiben lehren will. Musik, Rhythmik und Bewegung sollten daher zum selbstverständlichen Unterrichtsprinzip werden (zur Verbesserung der Leistungen in allen kognitiven und sozialen Bereichen durch mehr Musik vgl. Spychiger, M.: Hören und Zuhören im erweiterten Musikunterricht. In: Huber, L./Odersky, E. (Hg.): Zuhören – Lernen – Verstehen, Braunschweig: Westermann Schulbuchverlag 2000).

Musik und Bewegung im Unterrichtsalltag

Musik und Bewegung sollten daher an jedem Schultag ihren selbstverständlichen Platz im Unterricht haben (vgl. Anhang Liedvorschläge und Anhang Literaturliste: Musikbücher/Liederbücher):

- → Begrüßungs- und Schlusslieder strukturieren den Schultag.
- → Zu den Jahreszeiten und Festen im Jahreslauf passende Lieder – dazu gehören natürlich auch Geburtstagslieder – gliedern das Jahr.
- → Fingerspiele und Mitmachlieder trainieren die Fein- und Grobmotorik und sorgen für die notwendige „Entspannung zwischendurch“.
- → Reime, Verse und Lieder begleiten die Buchstabeneinführungen (Handreichungen/Lehrerhandbücher aktueller Leselehrgänge bieten zahlreiche Hinweise und Beispiele).
- → Das Zählen lässt sich rhythmisch umsetzen und mit verschiedenen Instrumenten begleiten.
- → Die Kinder erhalten während des Unterrichts die Möglichkeit, Musik in Bewegung umzusetzen (zahlreiche Beispiele auf CD und in einem Begleitheft bietet dafür: Blendinger, Th.: Hits für Kids. Bewegung und Entspannung im Klassenzimmer. Braunschweig: Westermann Schulbuchverlag).

- → In den täglichen Arbeitsplan einbezogene Bewegungsaufgaben während des Unterrichts entspannen und unterstützen das Lernen.
- → Die Kinder sitzen während der Arbeitsphasen nicht auf ihrem Stuhl und melden sich, um Fragen zu stellen, sondern gehen zu anderen Kindern oder zur Lehrkraft, um Informationen einzuholen.
- → Die Kinder verändern ihre Arbeitsposition entsprechend ihren individuellen Bedürfnissen: Sie arbeiten im Stehen, Hocken, Liegen, Knien.
- → Die Kinder lernen, sich den Aufgaben entsprechend einen Ort zum Arbeiten zu suchen: auf dem Teppich, im Gruppenraum, vor dem Klassenraum im Flur, in der Schulbibliothek …
- → Kleinspielgeräte im Klassenzimmer (z. B. Luftballons, Springseile, Jongliertücher und -bälle, aber auch unterschiedlich große Bauklötze, veränderbare Murmelbahnen) regen die Kinder an, sich nach einer abgeschlossenen Arbeit zu bewegen. Die Kinder müssen allerdings Regeln finden, die verhindern helfen, dass arbeitende Kinder gestört oder abgelenkt werden.

Keine Hintergrundmusik

Keinesfalls sollte jedoch in Arbeitsphasen Musik im Hintergrund laufen. Die Aufmerksamkeit wird dann weder der Musik noch der Arbeit uneingeschränkt zugewandt. Die Konzentrations- und Wahrnehmungsfähigkeit vieler Kinder ist gerade durch die allgegenwärtige Berieselung mit Musik und Geräuschen gestört: im häuslichen Bereich durch den Dauerbetrieb von Radio- und Fernsehgeräten, beim Einkaufen durch die beständige Beschallung. Musikuntermalung anderer Tätigkeiten während des Unterrichts wirkt den Bemühungen entgegen, die akustische und optische Wahrnehmungsfähigkeit der Kinder zu entwickeln und zu fördern. Ganz anders natürlich das konzentrierte Hören von Musik, wobei von Anfang an auch klassische Musik einbezogen werden sollte, zu der viele Kinder ausschließlich in der Schule Zugang finden können (vgl. Helzinger, M.: Mozart und Co. Donauwörth: Auer 2002).

10.2 Bildnerisches und plastisches Gestalten

Entwicklung der schöpferischen Kräfte

Ein weiterer Schwerpunkt für die Entwicklung der schöpferischen Kräfte ist der Bereich Kunsterziehung, der sowohl das bildnerische Gestalten als auch das plastische Gestalten umfasst und über die Selbsttätigkeit hinaus den Kindern von Anfang an Zugang zu Kunstwerken eröffnen soll.

Die Kinder bekommen im Unterricht Gelegenheit, ihre eigenen Vorstellungen zu entwickeln, nach Ausdrucksmöglichkeiten für Gedanken und Gefühle zu suchen, mit unterschiedlichen Materialien und Techniken vertraut zu werden und zu lernen, die Materialien für die Umsetzung ihrer Ideen selbst auszuwählen (Anregungen zu allen genannten Bereichen bietet: Farbe, Form und Fantasie. Das Kunstbuch für die Grundschule 1/2. Hannover: Schroedel Verlag 2000)

Malen mit Wasserfarbe

Kinder lernen beim Malen mit Wasserfarben, die Farbe
- → mit (verschiedenen) Pinseln aufzutragen,
- → mit einem Schwämmchen zu verstreichen,
- → mit Fingern zu vermalen,

- → mit Fingern oder verschiedenen Materialien (Pappkanten, strukturierten Stoffen, Holzklötzchen) zu drucken,
- → dick oder wässrig aufzutragen,
- → auf mit Schwämmchen angefeuchtetes oder trockenes Papier zu malen.

Malen mit Wachsmalkreide

Mit Wachsmalkreiden lernen sie nicht nur zu malen, sondern auch
- → unterschiedliche Oberflächen durchzureiben (Frottage),
- → von zwei verschiedenfarbigen Schichten die obere Schicht stellenweise abzukratzen (Sgraffito),
- → mit Wasserfarben zu übermalen.

Arbeiten mit Papier

Papier
- → bemalen sie,
- → falten sie (Origami-Papier oder bereits zugeschnittene farbige Faltpapiere erleichtern den Kindern genaues, sorgfältiges Arbeiten zu lernen),
- → schneiden sie (Faltschnitte),
- → reißen und knüllen sie.

Unterschiedliche Papiersorten machen dabei natürlich ganz unterschiedliche Ergebnisse und Erfahrungen möglich: Glanzpapier, Tonpapier, unterschiedlich starker Karton, Transparentpapier, Seidenpapier, Wellpappe usw.

Ergebnisse besprechen und würdigen

Ganz wesentlich ist, dass alle Ergebnisse entsprechend gewürdigt werden, und zwar sowohl durch Aufhängen (z. B. alle Bilder eng nebeneinander auf farbigem Papier oder jedes Bild auf farblich passendem Hintergrund) als auch durch gemeinsames Betrachten und Besprechen. Zunehmend lernen die Kinder dadurch, ihre Gestaltungsabsicht zu reflektieren und beim nächsten Bild Dinge zu beachten wie:
- → Was ist auf meinem Bild das Wichtigste?
- → Wie kann jemand, der mein Bild anschaut, merken, was mir das Wichtigste ist?
- → Welche Farbe/welche Stifte nehme ich, wenn ich große/kleine Flächen gestalten will?
- → Passt es zu meinem Bild, wenn ich die Wasserfarbe dick auftrage? Usw.

Material sinnvoll aufbewahren

Um spontan arbeiten zu können und nicht zu viel Zeit durch das Zusammensuchen der gerade benötigten Materialien zu verlieren, ist es erforderlich, dass die Kinder ihre Malutensilien (vgl. auch Muster 3: *Materialliste*) in der Schule aufbewahren, am besten in einem Schuhkarton.

Plastisches Gestalten

Erste Erfahrungen mit plastischem Gestalten sammeln Kinder bereits im Umgang mit Knetmasse. Dadurch wird die Entwicklung der Handmuskulatur gefördert, die Beweglichkeit der Finger geschult und die Auge-Hand-Koordination entwickelt.

Erfahrungen mit Ton

Da viele Kinder nicht mehr das Urerlebnis des Spielens mit Wasser und Sand genießen können, sollten sie außerdem Gelegenheit bekommen, früh mit Ton zu arbeiten. Am Beginn der Arbeit steht nicht das Ergebnis im Mittelpunkt. Vielmehr machen die Kinder Erfahrungen mit dem Material und berücksichtigen diese

Erfahrungen zunehmend bei der Umsetzung selbst gestellter oder vorgegebener Themen. Beim Experimentieren tauchen Fragen auf, z. B.:

→ Wie forme ich eine gleichmäßige Kugel?
→ Welche anderen Formen kann ich aus der Kugel leicht entwickeln?
→ Warum trocknet der Ton und bekommt Risse?
→ Kann ich Spitzen und Zacken, Vertiefungen und Löcher ohne Werkzeuge formen?
→ Was muss ich unternehmen, damit meine Figur stehen kann?

Kunstbetrachtung

Kunstunterricht umfasst von Anfang an aber auch, mit den Kindern eine ihrem Alter angemessene Kunstbetrachtung zu beginnen. Die Kinder erfahren dadurch, wie Künstler die Welt ins Bild setzen und mit welchen Mitteln sie sich ausdrücken. Sie gewinnen Anregungen für ihre eigenen Bilder und üben, genau hinzusehen. Sie werden sich der Wirkung von Farben auf den Betrachter bewusst und entwickeln zunehmend ein Gespür für Aufbau und Gliederung von Bildern – vor allem, wenn sie angeregt werden, bestimmte Elemente des betrachteten Bildes selbst nachzugestalten.

Die Möglichkeiten, mit Kindern Besuche von Kunstausstellungen zu unternehmen, sind begrenzt. Eine Alternative, Kindern Kunst nahe zu bringen, besteht darin, auf Kunstdrucke oder Kunstbücher zurückzugreifen.

In der Lese-Ecke vorhandene Kunstbücher für Kinder verlocken zusätzlich zum Betrachten, Erzählen, Nachdenken, Nachgestalten – oder einfach dazu, sich an den Bildern zu erfreuen und sich in sie zu vertiefen (vgl. Anhang Literaturliste: Kunstbücher für Kinder).

11 Feste und Feiern gliedern das Schuljahr

Orientierung im Schuljahreslauf

Feste und Feiern sind ein wichtiger Bestandteil des Schullebens. Durch ihre regelmäßige Wiederkehr gliedern sie das Jahr und bahnen bereits bei Erstklässlern eine Orientierung im Schuljahreslauf an.

Während Feiern in einem eher besinnlichen und inhaltlich vorgegebenen Rahmen ablaufen, steht bei Festen die fröhliche, lockere und persönliche Atmosphäre im Vordergrund.

Zu unterscheiden ist zwischen

→ Festen und Feiern unserer christlichen Kultur, z. B. Weihnachten, Ostern, Pfingsten,
→ Festen und Feiern anderer Kulturen, z. B. Zuckerfest (moslemisch),
→ persönlichen Festen und Feiern, z. B. Geburtstag, Namenstag,
→ Festen und Feiern in der Schule, z. B. Einschulungsfeier, Buchstabenfest.

11.1 Christliche Feste und Feiern

Advent

Vorweihnachtliche Atmosphäre: Erleben der Stille

Das Brauchtum der Adventszeit (Adventskalender, Adventskranz, Lichter im Advent) spricht Kinder sehr an. In der Klasse jeden Morgen eine vorweihnachtliche Atmosphäre zu schaffen, bietet die Möglichkeit, Kinder die Adventszeit erleben zu lassen, Verständnis zu wecken für das Besondere an dieser Zeit und sie zu Ruhe und Besinnlichkeit zu führen. Lichter, die angezündet werden, und Dunkelheit spielen hierbei eine wesentliche Rolle. Eine Vorbereitung der Kinder auf die Weihnachtszeit, ohne die religiösen Gefühle Andersgläubiger zu verletzen, ist möglich, wenn der Schwerpunkt des Unterrichts das Erleben der Stille und das „Zur-Ruhe-kommen" der Kinder ist.

Planung

Planungselemente für die Adventszeit:

→ Welchen Schmuck für das Klassenzimmer können die Kinder mit geringer Hilfestellung basteln?
→ Ist Weihnachtsbäckerei in der Schule möglich oder stellen sich Mütter zur Verfügung, die mit kleinen Gruppen von Kindern in ihrer eigenen Küche zu backen bereit sind?
→ Welche Spiele (Krippenspiele, kleine Theaterstücke) sind für die Kinder geeignet?
→ Welche Lieder, Gedichte, Geschichten, die von und mit den Kindern zu gestalten sind, sprechen die Kinder an? (Viele Vorschläge, vor allem auch zum Thema „Weihnachten in aller Welt", enthalten zwei Themenhefte der Praxis Grundschule: Heft 6/91 und Heft 6/99; Braunschweig: Westermann Schulbuchverlag 1991 und 1999)
→ Welche Bücher für die Winter- und Weihnachtszeit eignen sich für die Schule bzw. für das Lesen zu Hause? (vgl. Anhang Literaturliste: Bücher für die Weihnachtszeit)

Adventskranz

Für eine Adventsfeier am Unterrichtsmorgen eignet sich der Morgenkreis um den Adventskranz (oder um Kerzen) in der Mitte des Klassenzimmers (Umgang mit Feuer vorher zum Thema machen). Der Adventskranz mit den vier Kerzen, die für die vier Adventssonntage stehen, ist einer der bekanntesten Adventsbräuche: Der Kreis ist das Symbol für die Unendlichkeit, die grünen Zweige symbolisieren die Hoffnung, der Weg führt von der Dunkelheit ins Licht, indem jede Woche eine Kerze mehr angezündet wird. Beim Schmücken des Kranzes helfen alle Kinder mit: Der nur mit den vier Kerzen bestückte Kranz liegt auf einem noch leeren Tisch. Im Laufe der Adventszeit schmücken die Kinder Kranz und Tisch weihnachtlich.

Adventskalender

Jeden Tag öffnet ein anderes Kind ein Türchen oder Päckchen des gemeinsamen Adventskalenders. Adventskalender veranschaulichen den Zeitraum bis Weihnachten. Täglich wird den Kindern das Vergehen der Zeit bewusst. Für den Einsatz im Unterricht gibt es verschiedene geeignete Arten von Adventskalendern:

→ Adventskalender zum Vorlesen: Für jeden Tag gibt es eine Geschichte, die die Lehrkraft vorliest (im Ernst Kaufmann Verlag erscheinen z. B. christlich geprägte Adventskalender mit jeweils 24 Geschichten, 24 Bildblättern und einem Poster zum Einkleben der Bilder).

→ Adventskalender mit Päckchen/zu öffnenden Türchen: Auf kleinen Zetteln stehen die Namen der Kinder. Jeden Tag wird ein Zettel gezogen. Das Kind, dessen Name auf dem Zettel steht, bekommt das Päckchen oder öffnet ein Türchen.

→ Gestalten eines Gemeinschaftsbildes: Jeden Tag klebt ein Kind ein Teil dazu, bis am letzten Schultag vor den Weihnachtsferien ein großes Gemeinschaftsbild entstanden ist.

→ Adventskalender mit einer Überraschung für die ganze Klasse: An jedem Tag in der Adventszeit kommt eine neue Aufgabe für den Unterricht aus dem Adventskalender, z. B. Bastelarbeit als Zimmerschmuck, Kerzenmeditation, Plätzchenbacken, Spiele, Wunschzettel schreiben und malen, keine Hausaufgabe o. Ä. Auch hier öffnet jeden Tag ein anderes Kind das Überraschungspäckchen.

Ein gemeinsam gesungenes Lied beendet die tägliche kleine Feier.

Nikolaus

Heiliger Nikolaus

Der Nikolaus ist für Kinder im ersten Schuljahr immer noch eine sehr geheimnisvolle und interessante Gestalt. Sie sind sich in diesem Alter noch nicht sicher, ob es ihn gibt oder nicht. Da viele Kinder zu Hause die Geschichte des Heiligen Nikolaus nicht kennen lernen, sollte in der Schule eine geeignete Version der guten Taten des Bischofs von Myra vorgelesen werden, an die wir jährlich mit dem Nikolausfest erinnern.

Es gibt verschiedene Bräuche, wann und wie der Nikolaus erscheint. In einigen Regionen kommt er am Vorabend des Nikolaustages oder in der Nacht zum Nikolaustag und füllt die Stiefel. In anderen Regionen erscheint er erst am 6. Dezember.

Nikolaus in der Schule

Ein besonderes Erlebnis ist es für alle Kinder, wenn der Nikolaus in die Schule kommt. Aber auch, wenn er „nur“ einen Sack vor dem Klassenzimmer abstellt und sich dabei durch Klopfen an der Tür oder durch ein Glöckchen bemerkbar macht, erleben die Kinder seine Nähe. In beiden Fällen hat die Lehrkraft die Möglichkeit, einen Brief zu verlesen, in dem „der Nikolaus“ Ereignisse der bisherigen Schulzeit lobt oder beklagt.

Weihnachten

Weihnachtsgeschichte

In der Vorweihnachtszeit mit ihren Heimlichkeiten, ihrer Spannung, Gemütlichkeit sind die Kinder sehr empfänglich für die Weihnachtsgeschichte, die den Grund für das Fest legte. Gerade in einer Zeit der Besinnung ist es sinnvoll, den Kindern in altersangemessener Form die Weihnachtsbotschaft zu vermitteln. Wenn der Lehrkraft selbst der christliche Erfahrungshintergrund fehlt oder sie sich hier unsicher fühlt, bietet sich eine enge, zeitlich begrenzte Kooperation mit einer Fachlehrkraft für Religion an. Die Advents- und Weihnachtszeit ist besonders für die vielen Kinder schwierig, die ohne liebevolle Zuwendung aufwachsen und keine Geborgenheit zu Hause erfahren. Daher fällt den Lehrkräften im Primarbereich die Aufgabe zu, diesen Kindern etwas von der Weihnachtsbotschaft erlebbar zu machen. Wichtig ist dabei immer, die Gefühle Andersgläubiger nicht zu verletzen.

Weihnachtsfeier

Soll eine Weihnachtsfeier am letzen Schultag vor den Weihnachtsferien im Klassenverband oder an einem Nachmittag während der Adventszeit zusammen mit Eltern und Geschwistern stattfinden, muss lange geplant werden. Gerne übernehmen dabei Eltern organisatorische Aufgaben.

Programmpunkte

Mögliche Programmpunkte für eine Weihnachtsfeier:
- → Lieder singen oder andere Musikbeiträge gemeinsam gestalten oder hören, Gedichte vortragen,
- → Geschichte vorlesen, entweder mit einem religiösen Schwerpunkt oder dem Schwerpunkt „Weihnachten in aller Welt“,
- → Krippenspiel oder Theaterstück aufführen.

Organisation

Organisatorische Vorbereitungen für eine Weihnachtsfeier:
- → Dauer der Feier planen,
- → Räumlichkeiten und Bestuhlung klären,
- → Medien (CD-Spieler, Tageslichtprojektor) bereitstellen,
- → Essen und Trinken vorbereiten: Kinderpunsch, Plätzchen,
- → Klassenzimmer (mit den Kindern) dekorieren: Kerzen, Tannenzweige, Engel, selbst gebastelter weihnachtlicher Tischschmuck.

Bastelnachmittag

Eine andere Möglichkeit besteht darin, einen Bastelvormittag oder -nachmittag gemeinsam mit Eltern und Geschwistern durchzuführen, bei dem Kinder und Erwachsene nach der „Arbeit“ Gedichte vortragen, Weihnachtslieder singen oder eine Weihnachtsgeschichte vorlesen.

Ostern

Osterfeierlichkeiten

Ostern wird immer am ersten Sonntag nach dem Frühlingsvollmond gefeiert. Benannt wurde Ostern nach der Frühlingsgöttin Ostara. In den Osterfeierlichkeiten sind eigentlich zwei „Feste“ enthalten:
- → Es wird des Todes Jesus’ gedacht und seine Auferstehung gefeiert.
- → Der Frühlingsbeginn wird mit Blumen, Eiern, Hasen gefeiert.

Da das Osterfest in den Ferien gefeiert wird, wird es in der Schuleingangsstufe meist weniger zum Thema des Unterrichts. Um die Osterzeit steht überwiegend der Frühling im Mittelpunkt des Interesses.

Aktivitäten im Frühling

Aktivitäten in Bezug zur Natur:
- → Kresse in kleine Tontöpfe oder in halbe Eierschalen säen,
- → den Schulgarten vorbereiten,
- → Frühblüher beobachten und untersuchen,
- → Frühlingszeichen (Tulpenblüten, Vögel, Hasen, Schmetterlinge) in Prickeltechnik ausstechen und an einer Schnur befestigen, eventuell mit Stroh oder Bast ergänzen.

11.2 Persönliche Feste und Feiern

Geburtstagsfeiern

Bedeutung des eigenen Geburtstags

Der eigene Geburtstag ist für ein Grundschulkind einer der bedeutendsten Tage im Jahr. Deshalb ist es ein Zeichen der persönlichen Wertschätzung und Würdigung, den Geburtstag eines jeden Kindes in der Klasse zu feiern und das Fest nicht unreflektiert zu improvisieren. Für jedes Kind ist es ein besonderes Erlebnis, einmal im Mittelpunkt zu stehen. Das Fest in der Klasse hat besonders für Kinder, deren Eltern sich wenig um sie kümmern, große Bedeutung. Allerdings hat in einigen Glaubensgemeinschaften (z. B. im Islam und bei den Zeugen Jehovas) dieses Fest keine Bedeutung, es ist daher gut, sich am Schuljahresbeginn zu informieren, ob es solche Kinder in der Klasse gibt.

Geburtstagskalender

Zu Beginn des Schuljahres trägt die Lehrkraft die Geburtstage aller Kinder in einen Geburtstagskalender ein. So ist auf einen Blick zu sehen, wer demnächst Geburtstag hat. Beispiele für Geburtstagskalender:
- → Einen Blanko-Kalender mit den Fotos der Kinder gestalten,
- → einen Geburtstagszug basteln, bei dem jeder Wagon für einen Monat steht, die Kinder, die im jeweiligen Monat Geburtstag haben, fahren mit.

Geburtstagsfeier

Es ist wichtig, alle Kinder gleich zu behandeln. Wenn Kinder in den Ferien Geburtstag haben, feiert die Klasse, sobald die Kinder wieder in der Schule sind.

Möglichkeiten, die Feier zu gestalten:
- → Eine Kerze anzünden, einen Kreis bilden und ein Geburtstagslied anstimmen.
- → Der Tisch des Geburtstagskindes ist besonders geschmückt: Blumen, Girlanden, eine Tischkarte: „Wir gratulieren dir." Auch die Geburtstagskerze steht dort. Am Tisch des Geburtstagskindes hängt eine Schnur, an die die Mitschüler im Laufe des Tages Wünsche in Form von Bildern oder Briefchen anheften. Am Ende des Tages nimmt das Kind alle Wünsche mit nach Hause. Die Lehrkraft heftet den äußerst wichtigen Gutschein „keine Hausaufgaben" an.

Muttertag und Vatertag

Ursprung des Muttertags

Den Muttertag hat sich die Amerikanerin Anna Jarvis ausgedacht. Sie war schon erwachsen, als ihr diese Idee kam. Sie wurde nämlich immer ein wenig traurig, wenn sie an ihre Kindheit zurückdachte, da sie ihrer Mutter nie richtig gedankt hatte für all die Mühe, die sie mit ihr als Kind gehabt hatte. Deshalb sollte ein Tag einmal im Jahr die Kinder daran erinnern, ihren Müttern zu danken. Heute engagieren sich zunehmend auch die Väter in Haushalt und Kindererziehung, so dass auch deren Leistungen für die Familie gewürdigt werden sollten.

Geschenke basteln

Beispiele für Muttertags-/Vatertagsgeschenke:
- → Gutscheinstrauß: Blumen und Herzen aus Tonpapier gestalten und beschriften. Für den Stängel grünes Papier ganz eng aufrollen und auf die Rückseite der Blume kleben.

- Handabdruck auf Puzzleteile: Auf eine Blanko-Puzzlevorlage (vgl. KV 8: *Blanko-Puzzle*) drucken die Kinder ihren Handabdruck. Sie verschenken die Puzzleteile an die Eltern.
- Tischset: Aus Blumenprospekten schneiden die Kinder einzelne Blumen oder Blumengruppen aus und kleben auf einen Bogen Tonpapier (DIN A3) eine Collage daraus. Nach dem Laminieren ist das Set gebrauchsfertig.

11.3 Moslemisches Fest

Da es in vielen Schulen Kinder moslemischen Glaubens gibt, bietet es sich an, auch eins ihrer Feste zum Thema des Unterrichts zu machen.

Ramadan

Ein wichtiges Ereignis ist der Fastenmonat Ramadan. Er beginnt mit dem 9. Monat des islamischen Mondkalenders, sobald nach dem Neumond die Mondsichel zum ersten Mal zu sehen ist. Erwachsene und ältere Kinder essen und trinken von Sonnenaufgang bis Sonnenuntergang nichts. In diesen Wochen ist es ihnen außerdem wichtig, nichts zu tun, was andere Menschen traurig oder ärgerlich macht. Am Ende des Fastenmonats feiern sie in ihren großen Familien das Fest des „Fastenbrechens", das in manchen Ländern „Opferfest", in anderen hingegen „Zuckerfest" genannt wird. Die Menschen essen besondere Speisen, vor allem Süßspeisen werden für diesen Tag in vielen Varianten hergestellt. Kinder und Erwachsene ziehen ihre besten Kleider an und feiern die ganze Nacht hindurch zusammen. In einigen Ländern gibt es für die Kinder kleine Geschenke.

Opfer- oder Zuckerfest

Arabische, afghanische oder türkische Eltern sind meist gern bereit, etwas zu diesem Fest zu sagen und vielleicht sogar dazu, eine typische, von Kindern geliebte Speise zuzubereiten.

11.4 Schulische Feste

Buchstabenfest

Am Ende des Schuljahres bereitet es den Kindern Freude, mit einem Buchstabenfest zu feiern, dass sie nun alle Buchstaben kennen gelernt haben. Ein anderer, zeitlich flexiblerer Anlass für ein Buchstabenfest kann die Erarbeitung eines besonders schwierigen Buchstabens sein.

Bastelarbeiten

Dazu passende Bastelarbeiten:
- 26 bunte Luftballons mit allen Buchstaben des Abc (Groß- und Kleinbuchstabe) beschriften und aufhängen,
- alle Buchstaben mit Fingerfarben auf die Fensterscheiben malen,
- Girlanden aus Buchstaben aus Tonpapier ausschneiden,
- Buchstaben aus Salzteig oder Ton formen,
- Buchstaben backen,
- Buchstabensuppe kochen,
- eine Buchstabencollage herstellen,
- Buchstaben aus Pfeifenputzern biegen.

Spiele

Geeignete Spiele:
- → Wörterspiel: Aus vorgegebenen bzw. gewürfelten Buchstaben möglichst viele Wörter bilden.
- → Buchstaben-Rallye: An Buchstaben-Stationen im Schulgelände vorgegebene Aufgaben erfüllen, z. B. beim Buchstaben K ein Kastanienblatt holen, beim M ein Murmelspiel spielen.
- → Abc-Spiel: Jeden Buchstaben des Abc auf ein DIN A4- Blatt schreiben, die Blätter auf dem Boden ausbreiten, im Klassenzimmer zu jedem Buchstaben einen Gegenstand suchen und ihn auf das jeweilige Blatt Papier legen. Finden die Kinder zu jedem Buchstaben einen Gegenstand, hat die Klasse gewonnen. Gelingt das nicht, hat das Abc gewonnen und wartet auf ein weiteres Spiel an einem neuen Schultag, zu dem die Kinder verabreden können, welchen Gegenstand sie von zu Hause mitbringen, damit sie gewinnen.
- → Buchstaben mit dem Körper oder mit den Händen darstellen (allein oder zu zweit).

Schuljahres-Abschlussfest

Förderung des Gemeinschaftsgefühls

Ein Abschlussfest unmittelbar vor den Sommerferien setzt für alle an Schule Beteiligten ein Zeichen. Nach einem Jahr voller Anstrengung ist es ein würdiger Abschluss und fördert den Gemeinschaftssinn.

(Wiederkehrende) Bausteine für ein solches Fest können sein:
- → Lieder und Ferienwünsche in allen Sprachen, die an der Schule gesprochen werden.
- → Jede Klasse trägt ein besonderes Erlebnis des vergangenen Jahres allen Kindern vor (in Form eines kleinen Sketches, eines Bildes oder eines Gedichtes).
- → Alle Kinder der Schule führen gemeinsam einen Tanz auf.
- → Alle Kinder der 1. bis 3. Klasse bilden am Ende der Feier ein Tor, durch das die Viertklässlerinnen und Viertklässler zur Verabschiedung aus der Grundschule gehen: Jeweils zwei einander gegenüber stehende Kinder fassen sich hoch über ihren Köpfen bei den Händen, so dass ein langer Tunnel entsteht. Unter Musikbegleitung gehen die die Schule verlassenden Kinder hindurch.
- → Süße Feriengrüße in Form von selbst gebackenen Plätzchen oder selbst hergestellten Pralinen runden diese Feier ab.

12 Elternarbeit

12.1 Elternarbeit vor der Einschulung

Gemeinsamer Erziehungsauftrag von Eltern und Schule

In den Schulgesetzen der Länder ist die Mitwirkung der Eltern in der Schule in unterschiedlichem Rahmen vorgesehen. Übereinstimmend wird in allen Ländern betont, dass Elternhaus und Schule einen gemeinsamen Erziehungsauftrag haben.

Viele Eltern sind gern bereit, mit der Schule zusammenzuarbeiten – einige Eltern stehen der Institution Schule allerdings auch gleichgültig bis ablehnend gegenüber. Das liegt in vielen Fällen an schlechten Erinnerungen an die eigene Schulzeit. Um Vorbehalte möglichst frühzeitig abzubauen und zu einer befriedigenden Zusammenarbeit zu kommen, ist die Information der Eltern über Grundschularbeit sehr wichtig.

Elternversammlung vor der Einschulung

Sie beginnt bereits lange vor dem Tag der Einschulung (vgl. 1.1 Kontakt zu vorschulischen Einrichtungen und 1.3 Kindgerechte Schulanmeldung) und findet ihren vorläufigen Höhepunkt in der ersten Versammlung der Klassenelternschaft vor dem Schulanfang. Der Termin wird festgelegt, sobald die Klasseneinteilung abgeschlossen ist. Er sollte vor den Sommerferien im Zeitraum zwischen April und Juni liegen. Eine Absprache des Termins mit allen in der Schule daran Beteiligten sowie mit dem/der Elternrats-Vorsitzenden und Schulfördervereinsvertretern ist erforderlich (vgl. Muster 6: *Einladung zur Elternversammlung vor der Einschulung*).

Planung

Von allen im Schuleingangsbereich tätigen Lehrkräften ist gemeinsam zu überlegen:

- → Was ist so lange vor dem Schuleintritt für die Eltern wichtig?
- → Was möchten sie wissen?
- → Was müssen sie vor dem Schulbeginn wissen?
- → Welche Informationen sind erst nach dem Tag der Einschulung für Eltern von Interesse und Belang?

An vielen Schulen ist es üblich, gleich in der ersten Schulwoche zu einer weiteren Klassen-Elternversammlung einzuladen. Das ist dann der geeignete Termin, um die Eltern zeitnah mit den Lehrgängen vertraut zu machen und auf die verschiedenen Unterrichtsformen einzugehen, die in der jeweiligen Klasse praktiziert werden.

Ablauf

Der Elternabend vor der Einschulung der Kinder könnte wie folgt ablaufen:

Die Eltern versammeln sich zu Beginn des Abends, der möglichst (wegen kleinerer zu versorgender Kinder) nicht vor 20.00 Uhr angesetzt ist, in der Aula oder Eingangshalle der Schule.

Allgemeines in der Aula

Dort stellen sich Schulleitung und beteiligte Lehrkräfte ebenso wie Elternratsvorsitzende und Vorsitzende des Schulfördervereins allen Eltern vor. In Anbetracht der Fülle von Informationen, die die Eltern aufzunehmen haben, muss die Vorstellung kurz gehalten werden. Allgemeine Hinweise (z. B. zum Schulprofil, zu

Besonderheiten dieser Schule, zur Schülerbeförderung) erhalten die Eltern zu diesem Zeitpunkt. Den Abschluss dieses Teils der Elternversammlung bilden Informationen zur Zeitplanung und zum Ablauf des Einschulungstages seitens der Schulleitung. Für diesen ersten Teil des Abends sollten nicht mehr als 30 bis 45 Minuten eingeplant werden.

Versammlung in den Klassen

Der zweite Teil der Elternversammlung findet nach Klassen getrennt in den künftigen Klassenräumen statt und wird von den in der jeweiligen Klasse unterrichtenden Lehrkräften gestaltet. Die Teilung der Eltern geht wie bei den Kindern vor sich: Die Lehrkräfte geben ihr für die jeweilige Klasse bestimmtes „Klassentier" bekannt und bitten die Eltern, ihnen in den künftigen Klassenraum zu folgen.

Bei der Planung dieses zweiten Teils sollte berücksichtigt werden, dass auch Eltern nur begrenzt aufnahmefähig sind. Deswegen sollte der zweite Teil nicht wesentlich länger als eine Stunde dauern. In dieser Zeit erhalten die Eltern alle wichtigen Informationen für den ersten Schultag. Zeit, um Fragen der Eltern zu beantworten, ist einzuplanen. Während des Abends sollte eine Anwesenheitsliste herumgehen, mit der später nachzuvollziehen ist, wer die an diesem Abend gegebenen Informationen nicht bekommen hat.

Kennenlernen

Damit die Eltern möglichst schnell ins Gespräch kommen, bietet es sich an, Ansichtskarten, Fotos von Kinder-Kunstwerken, Arbeitsmaterialien oder auch Fotos aus dem Schulleben zu einfachen, 4- bis 6-teiligen Puzzles zu zerschneiden. Die Lehrkraft verteilt die einzelnen Teile gleich beim Betreten des Klassenraumes an der Tür: Jede Person bekommt ein Puzzleteil.

Gleich nach dem Willkommensgruß erhalten die Eltern den Auftrag, gemeinsam die Puzzles zusammenzufügen. Dies führt zu Gesprächen, zu einem ersten Kennenlernen, das bereits bestehende Bekanntschaften zunächst auflöst, dafür aber vielleicht neue entstehen lässt. Es ist dabei unerheblich, wenn nicht alle Puzzle-Teile vergeben worden sind – auch das ist ein Anlass, miteinander zu sprechen.

Anschließend verteilt die Lehrkraft große Karten mit den Namen der Kinder an die jeweiligen Eltern – damit ist eine Verknüpfung zwischen Eltern und Kind hergestellt.

Materialliste

Nach dieser Einleitung, die etwa 10 Minuten dauert, erhalten die Eltern eine Materialliste, auf der alle Dinge aufgeführt sind, die von den Eltern beschafft werden sollen (vgl. Muster 3: *Materialliste*). Die Lehrkraft nimmt die Gelegenheit wahr, bestimmte Hinweise zu der Liste zu geben, zum Beispiel:

→ Beim Kauf von dicken Buntstiften ist es günstig, dreieckige Stifte zu wählen, weil die Kinder sie besser fassen können als runde.
→ In fertig ausgestatteten Federmappen ist vieles enthalten, was in der Schule nicht verwendet wird. Besser ist es, ein leeres Etui mit den angegebenen Stiftarten zu befüllen.

Für Antworten auf Fragen der Eltern muss an dieser Stelle genügend Zeit eingeplant werden.

Schon an diesem ersten Abend ist es sinnvoll, auf Rituale einzugehen, die den Tagesablauf sowohl in der Schule als auch zu Hause strukturieren und den Kindern Sicherheit vermitteln.

Rituale in der Schule

Rituale in der Schule können zum Beispiel sein:

- ein gleitender Tagesanfang,
- der Morgenkreis,
- Gesprächs- und Arbeitsregeln,
- das gemeinsame Frühstück,
- tägliches Vorlesen,
- ein gemeinsamer Tagesabschluss am Ende jedes Schultages.

Rituale zu Hause

Hinweise auf Rituale zu Hause sind zum Beispiel:

- regelmäßige Arbeits-, Ruhe-, Spiel- und Schlafzeiten,
- Gute-Nacht-Rituale, die den Kindern helfen, am Abend zur Ruhe zu finden. Hier können bei Bedarf auch Tipps gegeben werden, z. B.: Mit dem Abendessen beginnt der letzte Tagesabschnitt für die Kinder, danach gehen sie, um sich „bettfertig“ zu machen. Sie tun das, ohne tägliche „Zugeständnisse“ der Eltern zu erbetteln, wenn der Tagesabschluss immer gleich verläuft: Ein Elternteil setzt sich zu dem Kind bzw. den Kindern, bespricht vielleicht einige Ereignisse des Tages, liest jeden Abend eine Geschichte vor oder singt ein Abendlied oder spricht ein Gebet. Als letzte Tätigkeit des Tages gibt es vielleicht noch die Möglichkeit, ein Buch anzusehen oder eine Kassette oder CD zu hören.

Hinweise auf

Ebenso wichtig sind Hinweise auf Kleidung, Schulweg und Vorbereitung auf den jeweils folgenden Schultag:

– Kleidung

- Alle Kleidungsstücke (ebenso wie die Schulmaterialien) müssen mit Namen versehen sein.
- Die Kinder müssen nun endgültig lernen, sich selbstständig an- und auszuziehen.
- Schleifen zu binden ist kompliziert, daher muss es vor der Einschulung ausdauernd geübt werden.
- Im Winter muss auf helle Kleidung geachtet werden.
- Robuste, alltagstaugliche und der Witterung angepasste Kleidung ermöglicht den Kindern, in den Pausen ungehindert herumzutollen und sich während der Bewegungszeiten frei zu entfalten.

– Schulsachen

- Die tägliche Hausaufgabe für die Eltern besteht darin, in die Faltmappe und ins Mitteilungsheft zu schauen, um Informationen nicht zu übersehen.
- Zu Beginn ist darauf zu achten, dass die Kinder immer ein Frühstück und alle Schulsachen in der Schultasche haben. Nach einigen Wochen sollten die Kinder allein wissen, was einzupacken ist.

– Schulweg

→ Der Schulweg sollte vor der Einschulung täglich mit den Kindern geübt werden; dabei nicht den kürzesten, sondern den sichersten Schulweg üben.
→ Wenn Kinder gefahren werden müssen, sollte die Bildung von Fahrgemeinschaften angeregt werden.
→ In vielen Schulen besteht eine Vereinbarung mit den Eltern, dass Kinder im ersten und zweiten Schuljahrgang, manchmal auch bis zur Fahrradprüfung im 4. Schuljahr, nur in Begleitung mit dem Fahrrad zur Schule fahren dürfen. Auch darüber sollte im Lauf des Abends gesprochen werden.

– Begleitung in die Schule

→ Außerdem ist die Frage zu klären, ob auch zu Fuß gehende Kinder eine Begleitung durch Erwachsene benötigen, und wenn ja, wie lange dies notwendig ist.
→ Den Eltern sollte erläutert werden, dass und warum sie ihre Kinder grundsätzlich nur bis auf den Schulhof und nicht bis in den Klassenraum begleiten sollten: zu große Unruhe, zu viele Menschen im Schulflur, Selbstständigkeit des Kindes.

Mithilfe von Eltern

Gegen Ende des Abends können die Eltern gebeten werden, sich an Aktionen wie der Ausgestaltung des Klassenraumes, dem Erstellen von Lernmaterialien für die Kinder in der Schule, der Mithilfe bei Bastelarbeiten (Herbstschmuck für die Klasse, Ausgestaltung des Flurbereiches vor dem Klassenraum usw.) oder der Begleitung auf Unterrichtsgängen zu beteiligen. Eine solche Beteiligung von Eltern setzt jedoch in jedem Fall zumindest eine grobe Planung seitens der Lehrkraft voraus (vgl. Kap. 12.3 Mithilfe von Eltern).

Klassenliste

An dieser Stelle wird häufig von Eltern gefragt, ob sie eine Klassenliste bekommen können, weil es dann einfacher ist, zueinander in Kontakt zu treten. Wenn die anwesenden Eltern damit einverstanden sind, kann eine solche Liste die Namen, die Adressen und die Telefonnummern enthalten (sie liegen im Schulsekretariat vor). Die Daten der nicht anwesenden Eltern dürfen nicht ohne deren Zustimmung öffentlich gemacht werden.

Mitbringsel für die Kinder

Eine freundliche Geste für Eltern und Kinder ist es, zum Abschluss den Eltern ein kleines Geschenk als Mitbringsel für ihre Kinder zu überreichen, zum Beispiel:
→ eine Kopie des Klassentieres, das die Kinder zu Hause farbig gestalten,
→ eine kleine Vorlesegeschichte aus einem Buch (mit Quellenangabe, die bei Gefallen an der Geschichte vielleicht zum Kauf des Buches anregt),
→ ein Blatt mit der Überschrift „Das bin ich“, in dem sich entweder die Lehrkraft vorstellt oder das von den Kindern gestaltet und dann im Brief an die Lehrkraft in der Schule geschickt wird,
→ der erste Buchstabe des Leselehrgangs, den ältere Schulkinder aus Salzteig geformt haben.

Am Ende der Elternversammlung sollte bereits auf die nächste Zusammenkunft hingewiesen werden. Je eher diese innerhalb der ersten Schultage stattfindet, desto besser ist es möglich, die Eltern über den Unterricht ihrer Kinder und die einzelnen Lehrgänge zu informieren und desto unbefangener lassen sich Eltern auf ihnen nicht vertraute Unterrichtsformen ein. Außerdem kann dann die Elternvertretung frühzeitig gewählt und in gemeinsam zu planende Vorhaben einbezogen werden.

12.2 Elternabende während des Schuljahres

Schwerpunkt: Didaktik und Methodik

Der Elternabend vor der Einschulung war überwiegend der Erörterung organisatorischer Fragen vorbehalten. Während des Schuljahres werden zwar auch dazu wieder Fragen gestellt, der Schwerpunkt der nächsten Elternabende liegt jedoch auf dem Vorstellen der didaktischen und methodischen Entscheidungen zum Unterricht. Eltern wollen wissen, wie ihre Kinder unterrichtet werden. Exemplarisch wird hier an einem Thema für den ersten Elternabend nach der Einschulung aufgezeigt, wie Elternabende während des Schuljahres gestaltet werden können.

Schriftliche Einladung

Die schriftliche Einladung wirkt persönlicher, wenn die Eltern mit ihrem Namen angesprochen werden. Der geringe Mehraufwand lohnt, denn gerade unsichere Eltern bekommen dadurch das Gefühl, ganz persönlich willkommen zu sein. Der untere Teil der Einladung ist für die Rückmeldung vorbereitet. Hier sollte den Eltern gleichzeitig Gelegenheit gegeben werden, Wünsche für diesen ersten oder einen künftigen Elternabend zu notieren.

Die Kinder übergeben ihren Eltern das Einladungsschreiben in einem Briefumschlag, den sie selbst gestaltet haben. Dadurch wird er nicht so leicht in der Tasche vergessen oder von den Eltern ignoriert.

Wahl der Elternvertretung

In einigen Bundesländern gibt es für die Einladung zur Wahl der Elternvertretung sowie für deren Durchführung genau einzuhaltende Formvorschriften, die u. a. eine Einladungsfrist vorschreiben. In diesem Fall ist abzuwägen, ob die erste Elternversammlung im Schuljahr entsprechend spät stattfindet und Wahl- und Informationsabend zugleich sein soll, oder ob beides besser voneinander getrennt durchgeführt wird.

Empfang

Leise Musik (z. B. Lieder, die die Kinder schon gelernt haben) empfängt die Eltern. Da die Kinder nun schon einige Zeit in ihrem Klassenzimmer leben und arbeiten, laden die mit den Bildern der Kinder geschmückten Wände zum Anschauen und die ausgelegten Materialien zum Ausprobieren ein. So lernen die Eltern die bisher eingesetzten oder in naher Zukunft verwendeten Arbeitsmittel, Lernmittel und Freiarbeitsmaterialien kennen.

Sitzordnung

Die Sitzordnung erfordert Planung: Wenn die Eltern, wie im Folgenden vorgestellt, Spiele mit der Anlauttabelle oder Ähnliches kennen lernen sollen, sitzen sie gut an Gruppentischen. Namensschilder der Kinder laden die Eltern ein, sich an den Platz ihres Kindes zu setzen – so kann die Lehrkraft Eltern und Kinder einander zuordnen. Gibt es viele Eltern nichtdeutscher Muttersprache, ist es sinnvoll, darauf zu achten, dass Eltern mit wenigen Deutschkenntnissen bei gut deutsch sprechenden Eltern sitzen. Die Stühle einer Schulanfangs-Klasse sind für Erwachsene unbequem. Gemeinsam mit dem Hausmeister sollte deswegen überlegt werden, ob bequemeres Mobiliar im Schulhaus zur Verfügung steht.

Der Klassenraum wirkt einladend, wenn die Gruppentische mit wenig Aufwand gastfreundlich gestaltet sind: Efeuranken oder buntes Laub, Knabberzeug und einige Gläser für (alkoholfreie) Getränke stehen bereit. Eine kleine Kasse neben der Tür mit dem Hinweis „Unkostenbeitrag für die Getränke" weist die Eltern auf die Möglichkeit hin, sich an den Kosten zu beteiligen.

„Selbstversuch" mit der Anlauttabelle

Nach der Begrüßung und Wahl der Elternvertretung liegen als Überleitung zu dem den Unterricht und die Unterrichtsgestaltung betreffenden Teil des Abends an den Plätzen kleine „Herzlich willkommen!"-Schilder, die in „Geheimschrift" (vgl. KV 32: *Herzlich willkommen!*) geschrieben sind. Mithilfe einer bereit liegenden Anlauttabelle mit „Phantasiezeichen" (vgl. KV 33: *Anlauttabelle mit Phantasiezeichen*) entschlüsseln die Eltern den Text. Im Anschluss können sie deutlich besser nachvollziehen, welche Prozesse ihre Kinder mit den Schriftzeichen des Alphabets auf der Anlauttabelle durchlaufen müssen. Im nächsten Schritt verfassen die Eltern – ebenfalls mit dieser Anlauttabelle – eine kurze Mitteilung an ihre Tischnachbarn. Dabei unterziehen sie sich, genau wie die Kinder, der Mühe des Aufschreibens mit ihnen fremden Zeichen. Ziel ist es, den Eltern die Schwierigkeiten beim Lesen- und Schreibenlernen erfahrbar zu machen. Bei der Auswertung dieses kleinen Experiments muss deutlich werden, dass es nicht darum geht, möglichst schnell die Aufgabe zu erfüllen oder Fehler zu suchen. Wichtig ist allein, Erfahrungen der Kinder nachzuvollziehen. Zu der inhaltlichen Herausforderung – das Wort hören, es in seine Laute zerlegen, jedem Laut das richtige Zeichen zuordnen – kommt die emotionale Belastung: War ich unsicher? Ließ ich mich vom schneller arbeitenden Nachbarn drängen? Was habe ich empfunden, als es nicht wie gewollt klappte?

Informationen zur Arbeit mit der Anlauttabelle

Im Anschluss daran erhalten die Eltern Informationen zu der Arbeit mit der Anlauttabelle, die inzwischen Bestandteil fast jeden Leselehrgangs ist.

Das Kennenlernen der Anlauttabelle besteht vor allem darin,

→ mit den Kindern die richtige Benennung der Anlautbilder zu erarbeiten und zu festigen (für jedes Bild gibt es nur eine zulässige Bezeichnung),
→ das Hören der Anlaute zu üben,
→ jedes Wort in seine Laute zu zerlegen,
→ jedem Laut den richtigen Buchstaben bzw. die richtige Buchstabenkombination zuzuordnen.

Eltern können nach der Erfahrung mit den Phantasiezeichen der Anlauttabelle nachvollziehen, dass ihr Kind zu Beginn des Lernens das Geschriebene selbst noch nicht lesen kann. Beim Lesen findet der Prozess in umgekehrter Reihenfolge statt: Buchstaben erkennen, jedem Buchstaben einen Laut zuordnen, die Laute zu Wörtern zusammenlesen.

Im nächsten Schritt lernen die Eltern die Anlauttabelle kennen, die im Unterricht verwendet wird. Sie erfahren, wie die Tabelle aufgebaut ist.

Zu den meisten Anlauttabellen gibt es in Handreichungen und Lehrerhandbüchern Anregungen für Spiele, um das Erarbeiten und Einprägen der Anlaute zu erleichtern. Die Eltern lernen die im Unterricht eingesetzten Spiele kennen. Sie erhalten Hinweise auf Hilfen, die sie ihren Kindern in dieser frühen Phase des Schriftspracherwerbs geben können, z. B.:

Hilfen beim Schriftspracherwerb

- → Wörter mit gleichen Anlauten suchen: Ich weiß ein Wort, das mit A beginnt!
- → Rätsel erfinden: Es beginnt mit A und schmeckt saftig.
- → Kurze oder lange Wörter mit bestimmten Anlauten suchen (parallel dazu die Silben klatschen oder mit Schwüngen verdeutlichen),
- → Reime erfinden.

Wichtig ist außerdem der Hinweis darauf, dass die Kinder nur die Laute („m") benennen und nicht die Buchstabennamen („em") nennen sollen.

Eine entscheidende Hilfe ist es für die Kinder natürlich, wenn zu Hause eine „Kultur des Lesens und Schreibens" gepflegt wird. Deswegen sollten die Eltern daran erinnert werden, wie wichtig es ist, den Kindern regelmäßig aus Büchern vorzulesen, um so die Lust am Lesen zu wecken. Da Bücher teuer sind, lohnen Besuche in einer Bibliothek.

„Kultur des Lesens und Schreibens"

Die ersten Leseanreize gehen oft von der Werbung am Straßenrand oder in Geschäften aus. Wenn Kinder sie von sich aus wahrnehmen, ist es angebracht, sie zu loben und zu weiterem Lesen zu ermuntern.

Kleine, in Druckschrift verfasste Notizen der Eltern, die sich an die Kinder richten, wie „Bin bei Oma!", haben starken Aufforderungscharakter. Entsprechende Schreibaufträge (Einkaufszettel schreiben, an Oma schreiben ...) erfüllen die Kinder meistens gern.

Wenn das Kind etwas aufgeschrieben hat, ist es Aufgabe der Eltern, mit Geduld (und manchmal auch mit Phantasie) die Botschaft zu entschlüsseln. Im Zweifelsfall lautet die Frage: „Was wolltest du schreiben?" Jeder Versuch des Kindes, aus eigenem Antrieb etwas zu schreiben und zu lesen, ist ein Lob wert!

Zum Schreiben motivieren

Wenn die Kinder beginnen, selbst Wörter und kleine Mitteilungen zu schreiben, ist es für sie demotivierend, sogleich auf Schreibfehler hingewiesen zu werden. Eltern und Lehrkräfte, die zuerst das Falsche sehen und Kritik üben anstatt den Versuch zu loben, erreichen oft nur, dass Kinder sich ausschließlich auf das Nachschreiben bereits bekannter Wörter zurückziehen. Das stellt keinen Wert an sich dar, denn es ist eine reproduktive Leistung. Ziel des Schreibunterrichts ist es jedoch, die Kinder zu produktiver Leistung anzuregen. Wichtig ist allein, dass die Kinder zunächst einmal lautgetreu (und damit die meisten Wörter auch richtig!) schreiben und die Freude erleben, dass jemand entziffern kann, was sie geschrieben haben. Diesen Hinweis sollten Eltern auch an die Großeltern weitergeben.

Die Lehrkraft erklärt den Eltern an diesem ersten Elternabend außerdem, dass jedes Kind seine eigene Entwicklung durchläuft und es daher nicht sinnvoll ist, die Leistungen der Kinder (oder der Parallelklassen) untereinander zu vergleichen.

Leistungen der Kinder nicht vergleichen

Gibt es diesbezüglich Fragen oder Sorgen, ist die Lehrkraft die Anlaufstelle, die den Eltern Hinweise zu individueller Unterstützung gibt. Auch wenn Eltern feststellen, dass ihr Kind Schwierigkeiten hat, sollten sie ermuntert werden, in jedem Fall möglichst schnell das Gespräch mit der Lehrkraft zu suchen. Auf diese Weise wird verhindert, dass Schule und Elternhaus gegeneinander arbeiten.

Gespräche zwischen Tür und Angel sind, wenn Fragen oder Probleme auftauchen, allerdings nicht auseichend. Eltern können beim Abholen des Kindes einen Gesprächstermin vereinbaren, jedoch keine spontanen und präzisen Auskünfte erwarten.

Fragen und Planung weiterer Elternabende

Zum Schluss des Abends sollte den Eltern noch Gelegenheit für Fragen gegeben werden. Die dafür zur Verfügung stehende Zeit ist von vornherein zu begrenzen. Der Hinweis auf künftige Elternabende kann hier hilfreich sein: Eine Tabelle an der Tafel ermöglicht es den Eltern, individuell auf Themenvorschläge, Wochentage und Uhrzeiten Einfluss zu nehmen. Je nach Wunsch machen sie in der entsprechenden Spalte ein Kreuz.

Planung künftiger Elternabende					
Wochentag	Montag	Dienstag	Mittwoch	Donnerstag	Freitag
Uhrzeit	19.00 Uhr		19.30 Uhr		20.00 Uhr
Themen (Beispiele)					
Vorstellen des Faches Mathematik		Vorstellen der Fachlehrkräfte		Beschreibung der Lernentwicklung und des Lernstandes (Zeugnis, Schulbericht)	

Vor der Verabschiedung gibt die Lehrkraft die Zeiten ihrer Sprechstunden und eine Telefonnummer (die private oder die Schul-Nummer mit Zeiten, zu denen sie meistens erreichbar ist) an die Eltern weiter.

12.3 Mithilfe von Eltern

Möglichkeiten

Es gibt verschiedene Möglichkeiten, die Eltern am Schulleben ihrer Kinder zu beteiligen. Unterrichtsbesuche von Elternteilen zum Beispiel sind in einigen Bundesländern aus rechtlichen Gründen nur schwer zu verwirklichen, in anderen werden sie gern gesehen, weil dadurch die Transparenz der schulischen Arbeit gefördert wird. Wenn Eltern aber bei einzelnen Aktionen mithelfen können, wird das meist gern gesehen. Um bei den Eltern nicht den Eindruck zu erwecken, die Lehrkraft bevorzuge bestimmte Eltern, kann es sinnvoll sein, am ersten Elternabend eine Liste im Klassenraum auszuhängen. So erhalten die Eltern eine Anregung zum Mithelfen und sehen, dass unterschiedliche Stärken und Vorlieben dabei Berücksichtigung finden, zum Beispiel:

Themen	Name
Begleitung bei Unterrichtsgängen und an Wandertagen	
Besondere Kenntnisse bei der Tierhaltung	
Mitarbeit bei besonderen Projekten (handwerkliche Hilfe, Hilfe beim Nähen von Kostümen, Hilfe beim Kulissenbau ...)	
Mithilfe beim Backen	
Thema Wald	
Hilfe bei der Ausgestaltung des Klassenzimmers	

Vorgespräche

Damit die Hilfe der Eltern tatsächlich zum Gewinn für alle Beteiligten wird, muss in einem Vorgespräch genau geklärt werden, welche Aufgaben auf die Eltern zukommen, welch große Verantwortung sie übernehmen und welche Erwartung die Lehrkraft an sie hat. Die Mitarbeit von Eltern kann eine große Hilfe sein, aber auch zur Belastung werden, wenn sich die Eltern z. B. mehr ihren Gesprächen untereinander als den von ihnen übernommenen Aufgaben widmen. Der Lehrkraft obliegt es dann, die Eltern höflich, aber bestimmt an ihre Pflicht zu erinnern.

12.4 Elterngespräche

Termin vereinbaren

Grundsätzlich ist es notwendig, einen Termin für ein Gespräch zu vereinbaren, da es leichter ist, entspannt in ein Gespräch zu gehen, wenn sich beide Seiten darauf vorbereiten konnten. Gespräche zwischen Tür und Angel lassen die Eltern mit Aussagen wie „Lea sollte noch konzentrierter arbeiten." ratlos zurück, weil sie darin einen Vorwurf zu hören glauben. Sie sind unsicher, ob und wie sie daran zu Hause arbeiten sollen oder können oder ob sich die Lehrkraft in der Schule um Hilfe bemüht. Ein Hinweis darauf, dass es besser ist, in Ruhe miteinander zu sprechen, wird von den Eltern in der Regel gern akzeptiert.

Evtl. feste Termine

Eine Möglichkeit ist es, während des ersten Schuljahrgangs einen bestimmten (vgl. Muster 7: *Einladung zum Elterngespräch*) oder einen wiederkehrenden Termin für Elterngespräche schriftlich anzugeben, z. B.: „Ich bin immer am 1. Montag des Monats (außer in den Ferien) von 18.00 bis 20.00 Uhr im Klassenraum Ihrer Kinder zu erreichen und stehe dann für Gespräche, Fragen, Anregungen zur Verfügung. Bitte geben Sie Ihrem Kind eine kurze Notiz mit, wenn Sie mich dann aufsuchen möchten."

Vorbereitung

Die Lehrkraft bereitet sich auf jedes Gespräch gründlich vor, eine Liste der Gesprächsthemen zu den wichtigsten Bereichen jedes Elterngesprächs kann hierbei helfen.

Die Lehrkraft

→ legt Arbeitsproben des Kindes und schriftlich fixierte Beobachtungen bereit, um Aussagen untermauern zu können,

- beschreibt Verhaltensweisen des Kindes, ohne sie zu bewerten,
- macht Mut, über Gefühle und persönliche Eindrücke zu sprechen,
- fördert das Bedürfnis, Fragen zu stellen,
- macht sich Gedanken darüber, wie die Eltern in ihrer bisher geleisteten Mitarbeit gestärkt werden können,
- gibt professionelle Hilfestellung, indem sie Eltern hilft, selbst Möglichkeiten der Problemlösung zu erarbeiten,
- entwirft Vorschläge für eventuell notwendige Veränderungen.

Gesprächsklima

Ein gut vorbereitetes Gespräch signalisiert gegenseitiges Verständnis und gegenseitige Achtung. Aktives Zuhören ist dabei ebenso wichtig wie Zurückhaltung bei Bewertungen und Diagnosen. Das Vertrauen zueinander muss langsam wachsen.

Zur Kompetenz einer Lehrerin oder eines Lehrers gehört es, das Gespräch auf einer sachlichen Grundlage zu führen und auf emotional gefärbte Äußerungen und Schuldzuweisungen zu verzichten. Wie beim Elternabend sind auch bequemes Sitzen und ein liebevoll gestaltetes Ambiente entspannende Voraussetzungen für das Gelingen.

Beginn des Gesprächs

Am Beginn des Gesprächs haben die Eltern das Wort. Sie erhalten Gelegenheit, ihre Fragen, Anmerkungen, Klagen auszusprechen. Das nimmt den Druck von ihnen und macht sie offen für das, was die Lehrkraft dazu äußert. Sie hat bei diesem Verfahren gleichzeitig die Möglichkeit, die Eltern zu beobachten. Deren Körpersprache und Wortwahl signalisiert, wie hoch die Anspannung im Hinblick auf ihr Kind ist.

Positives und Negatives benennen

Die Lehrkraft beginnt ihrerseits grundsätzlich mit positiven Aussagen zu der Entwicklung des Kindes. Das ist bei – im weitesten Sinne – auffälligen Kindern nicht immer einfach. Es fordert von der Lehrkraft, das Kind in seiner Gesamtheit im Blick zu haben und sich der Mühe zu unterziehen, auch kleine Fortschritte zu sehen und zu würdigen und nicht vorrangig Defizitsuche zu betreiben.

Grundsätzlich ist es jedoch nötig, nach der positiven Einstimmung auch eindeutige, verständliche Aussagen über Schwierigkeiten des Kindes in der Schule zu machen. Diplomatie ist dabei erforderlich, vage oder unbestimmte Aussagen dienen dem Verständnis des zu Sagenden aber nicht.

Kurzprotokoll mit Ergebnis

Am Ende des Gesprächs ist nach einer Zusammenfassung des Ergebnisses die Möglichkeit zu schaffen, ein Ziel für die gemeinsamen Bemühungen zu formulieren und die Zusammenarbeit zu vereinbaren, um dieses Ziel in beiderseitigem Einvernehmen zu verwirklichen.

Das Gesprächsergebnis anhand von Gesprächsnotizen schriftlich in einem Kurzprotokoll festzuhalten, ist Aufgabe der Lehrkraft. Beide Gesprächspartner bestätigen es mit ihrer Unterschrift.

Anhang Literaturliste

1 Bücher zum Vorlesen und Selberlesen

1.1 Erzählende Literatur

→ Lindenbaum, Pija: **Franziska und die Wölfe**. Frankfurt/M.: Moritz Verlag 2002
„Franziska ist eine, die nicht gerne auf Dächern rumklettert. Weil man runterfallen oder einen Schuh verlieren kann, denkt sie."
Bei einem Waldspaziergang verliert sie ihre Kindergartengruppe. Auf sich allein gestellt, wächst sie über sich hinaus.
Das Buch eignet sich gut zum Vorlesen in kurzen Sequenzen. Die einfühlsamen Illustrationen regen die Kinder an, Franziskas Gefühle zu deuten.

→ Schami, Rafik/Erlbruch, Wolf: **Das ist kein Papagei!** München: Hanser 1994
Die Diskussion eines Elternpaares um die Anschaffung eines Haustiers leitet dieses Buch ein. Der erste Teil endet mit dem Besuch der Familie in einer Zoohandlung. Die Eltern entscheiden sich für einen Papagei. Sie ahnen nicht, dass sie damit Tochter Lisas sehnlichsten Wunsch erfüllen, denn sie beziehen ihr Kind nicht in die Diskussion ein. Zwischen Lisa und dem Vogel entwickelt sich – von den Eltern unbemerkt – ein vertrauensvolles Verhältnis. Die Eltern verzweifeln dagegen: Der ihnen als intelligent und sprachbegabt verkaufte Papagei denkt nicht daran, die ihm vorgesprochenen Sätze nachzusprechen. Lisas beständig wiederholter Satz „Das ist kein Papagei!" wird von ihnen ignoriert – mit fast schlimmen Folgen für Lisa und den Papagei. Erst als sie sich Gehör verschafft, spricht der Vogel und zeigt damit, wie wenig sensibel sich die Eltern dem Tier genähert haben.
Rafik Schamis Geschichte ist wirklichkeitsnah in einprägsamer Sprache erzählt. Es ist ein Plädoyer dafür, Kinder nicht für dumm zu halten, sie anzuhören und ihnen zuzuhören. Wolf Erlbruch hat sie aus der Perspektive des Kindes illustriert. Nicht nur Kinder werden ihre Freude an den ausdrucksstarken Bildern haben.

→ Vaugelade, Anaïs: **Steinsuppe**. Frankfurt/M.: Moritz Verlag 2000 und Weinheim: Beltz&Gelberg Minimax 2004
Die Henne im Dorf der Tiere bekommt eines Nachts Besuch: Der Wolf klopft an ihre Tür. Sie erschrickt, lässt ihn aber ein. Er gibt sich harmlos, verspricht ihr, Steinsuppe zu kochen. Die anderen Bewohner des Dorfes – Schwein, Ziege, Ente, Schaf, Pferd und die große schwarze Bulldogge – finden sich besorgt nach und nach im Haus der Henne ein. Jeder trägt sein Lieblingsgemüse herbei, um es der Suppe hinzuzufügen. Der Abend findet seine Krönung in dem gemeinsamen Essen der Suppe. Der Wolf zieht unverrichteter Dinge von dannen, die Henne ist gerettet.
Vaugelade gestaltet in diesem Bilderbuch eine Fabel über die Stärke einer Gemeinschaft aus schwachen Individuen. Mit sehr schlichten, aber dennoch

einprägsamen Illustrationen stützt die Autorin das Verständnis des Textes. Der Schluss ist nicht ganz offen, die vorlesende Person könnte ihn aber offen lassen, um die Kinder zu einer Fortsetzung zu animieren. Die Autorin setzt ein Zeichen dafür in ihrem letzten Bild, das der Anfang für eine ganz neue Geschichte ist: Der Wolf klopft beim Pfau an die Tür. Das regt die Kinder zu eigenem Erzählen und Gestalten an.

→ Solotareff, Gregoire: **Du groß, und ich klein.** Weinheim: Beltz & Gelberg minimax 2004
Die Geschichte erzählt von einem König, der sich eines jungen Elefantenkindes annimmt. Als der Elefant dem König über den Kopf wächst, kündigt der ihm die Freundschaft, denn er fühlt sich neben dem Elefanten klein und unbedeutend. Es darf nicht sein, dass er als König nicht auch der Größte ist. Nach vielen Jahren, in denen sich der nun erwachsene Elefant jeden Tag dankbar an den kleinen König erinnert, der sich seiner mit Zuneigung dereinst angenommen hatte, finden sie sich wieder. Der König ist wegen Arroganz von seinem Thron verjagt worden. Er lebt in bitterem Elend.
Es ist die Geschichte von Freundschaft, Treulosigkeit und Versöhnung. Sie ist eindrucksvoll ins Bild gesetzt und wirkt sowohl durch ihren Stil als auch durch die Illustrationen märchenhaft schön.

→ Baeten, Lieve: **Die kleine Hexe** … Hamburg: Verlag Friedrich Oetinger
Lisbet, die kleine Hexe, erlebt verschiedene Abenteuer. Sie sind in einer Reihe von bisher fünf Bilderbüchern erzählt und faszinierend ins Bild gesetzt – Vorlesestoff für viele Frühstückspausen und gleichzeitig durch die sorgfältigen Illustrationen eine Anregung zu genauem Betrachten, Entdecken, Wiederfinden vieler kleiner Details!

→ Gay, Marie-Louise: **Sophie und das weite Meer.** Hamburg: Carlsen 2000 und 2004
Sophie versucht, ihrem kleinen Bruder die Angst vor dem Wasser zu nehmen, indem sie ihm alle seine Fragen beantwortet. Eine draufgängerische, manchmal etwas ungeduldige große Schwester, ein ängstlicher, etwas verträumter, neugieriger kleiner Bruder, die liebevoll miteinander umgehen – hier werden die Rollenklischees auf humorvolle Weise außer Kraft gesetzt.
Die Autorin hat zwei weitere Bilderbücher von Sophie verfasst und illustriert.

→ Walton, Rick/Robins, Arthur: **Bertie der Wachhund.** Hamburg: Carlsen 2003
Bertie ist eher die Karikatur eines Wachhundes, findet der große, starke Einbrecher. Er zeigt Bertie, dass er viel stärker ist und den kleinen Hund nicht ernst nimmt. Aber Bertie ist pfiffig und überlistet den Einbrecher.

→ Dahimène, Adelheid/Stöllinger, Heide: **Das Brillenhuhn.** Hamburg: Carlsen 2001
Eine Fabel, in der das Thema „Brille tragen" auf sehr eigene Art aufbereitet ist: Das Brillenhuhn sieht mehr und besser als alle anderen Hühner, wird dadurch auch im übertragenen Sinne weitsichtig und rettet die Stallgefährten, weil es den Fuchs und die von ihm ausgehende Gefahr erkennt. Es überwindet die eigene Angst und schlägt den Fuchs in die Flucht.

→ Michl, Reinhard: **Ein Tag am Fluss.** München: Prestel 2002
Kinder verbringen einen Tag am Fluss in einer von ihnen geschaffenen kleinen Idylle. Sie entdecken jedoch, dass jemand in diese Welt eingebrochen ist – und machen dadurch eine ganz neue Erfahrung.
Ein detailreich illustriertes Buch.

→ Helme Heine: **Samstag im Paradies.** Weinheim: Beltz & Gelberg 2004
Helme Heine übersetzt die Schöpfungsgeschichte liebevoll in kindgerechte Sprache, ohne dass ihre Authentizität verloren geht. Die Illustrationen zeigen im Bild, was der Text erzählt – augenzwinkernd und ausdrucksvoll, sich dem kindlichen Humor auf einfühlsame Weise nähernd, ohne dass die Ernsthaftigkeit der Geschichte Schaden nimmt. Sie regen die Kinder an zu genauem Hinsehen, zum Erzählen und zum Träumen, so dass sich auch Kinder, die nicht religiös erzogen sind, mit ihr identifizieren können.

→ John Blake/Axel Scheffler: **He Duda.** Weinheim: Beltz & Gelberg minimax 2004
Die Kinder sehen, dass „He Duda" ein Kaninchen ist. Er selbst ist jedoch auf der Suche nach seiner Identität. Er weiß nichts über sein Aussehen, über das, was er essen darf, und darüber, wie er sich in die Reihe der Tiere einordnen soll. Er erkundet verschiedene Lebensräume und weiß doch nicht, wohin er eigentlich gehört – bis er in einer lebensbedrohenden Situation so reagiert, wie es ihm angeboren ist: Er schlägt einen Feind mit seinen großen Füßen in die Flucht. Seine Artgenossen jubeln ihm zu.
Der Schluss ist offen und regt Kinder an, die Geschichte fortzusetzen, sich neue Abenteuer auszudenken, sie zu erzählen, zu malen oder aufzuschreiben.

→ Eric Carle: **1, 2, 3 ein Zug zum Zoo.** Hildesheim: Gerstenberg 1996
Eric Carle hat ein Bilderbuch geschaffen, das ohne Worte die Geschichte einer Reise von Tieren erzählt: Ein Güterzug transportiert die Tiere, einen Elefanten, zwei Nilpferde, drei Giraffen ... In jedem Wagen sehen die Kinder andere Tiere, deren Anzahl groß auf der Seite erscheint. Die winzige Maus springt von Wagen zu Wagen und schaut sich an, wer mitreist.
Die Kinder werden durch die großflächigen Bilder zum Erzählen angeregt. Je nach Sprachentwicklung stellen sie fest, welche Tiere mitreisen, wie viele Tiere in jedem Wagen sind, was die Maus den Tieren erzählt – und am Schluss entdecken sie, dass alle Tiere tatsächlich im Zoo angekommen sind. Dieses Buch ist überaus vielfältig einsetzbar. Es ermutigt Kinder z. B. den

nicht vorhandenen Text selbst zu erfinden, das Zählen zu lernen, Rechengeschichten zu erfinden ... Der Phantasie sind keine Grenzen gesetzt.

1.2 Sachbilderbücher

→ Jenkins, Martin/Chapman, Jane: **Ein Pinguin wird groß.** Stuttgart: Kosmos 2002
„Kannst du dir das vorstellen? Zwei Monate lang mit einem Ei auf den Füßen in der Kälte herumzustehen?" In einer Mischung aus spannender, sehr kindgerecht erzählter Bilderbuchgeschichte und informativen Sachtexten erfahren die Kinder unter anderem, dass bei den Kaiserpinguinen die Väter die Eier ausbrüten und ihre Jungen mehrere Wochen lang versorgen, bis nach Monaten die Pinguin-Mütter aus dem Meer zurückkommen.
Das Buch überzeugt außerdem durch wunderschöne Illustrationen und Typographie – engagiertes Vorlesen wird geradezu herausgefordert.

→ Cannon, Janell: **Verdi.** Hamburg: Carlsen 1997
Verdi ist ein junger, noch gelber Python. Er findet die Erwachsenen träge und langweilig. Nie möchte er so werden wie sie: riesig, unfreundlich, grün, alt. Verdi schaut sich – sehr zum Entsetzen der Verwandtschaft – in der Welt des Dschungels um, beobachtet andere Tiere. Seine Artgenossen befürchten, dass Verdi wegen seines Leichtsinns nicht alt werden wird. Schließlich nimmt die Natur ihren Lauf: Verdi wird grün wie seine Verwandten – was ihn aber nicht daran hindert, doch er selbst zu bleiben.
Detailreiche Illustrationen in vielen Gelb- und Grüntönen vermitteln Urwald-Atmosphäre, verlocken die Kinder zum intensiven Betrachten, Suchen, Sich-Versenken. Die (links angeordneten) Textseiten sind mit an Jugendstil erinnernden Rankenornamenten liebevoll eingefasst.
Die Kinder erhalten auf unterhaltsame Weise eine Fülle von Informationen über die Riesenschlangen. Am Ende des Buches gibt es eine ausführliche Sachinformation zum Thema.

→ Cannon, Janell: **Stellaluna.** Hamburg: Carlsen 1994
Stellaluna ist ein Flughundbaby. Bei einem nächtlichen Ausflug mit seiner Mutter werden beide bei dem Angriff durch eine jagende Eule voneinander getrennt. Stellaluna erlebt das Verlassensein, die Schutzlosigkeit und landet, als sie sich nicht mehr an einem Ast halten kann, in einem weich gepolsterten Nest voller Jungvögel. Die Vogelmutter duldet sie, verlangt aber von ihr, die Jungvögel nicht zu animieren, sich wie sie an den Füßen außerhalb des Nestrandes an den Füßen aufzuhängen. Sie möge sich wie ein Vogel verhalten oder das Nest verlassen. Stellaluna bemüht sich sehr darum, es gelingt ihr aber nicht. Auf einem Ausflug mit den inzwischen flügge gewordenen Vögeln beschließt sie voller Verzweiflung, nur noch zu fliegen – und trifft ihre Mutter wieder. Nun entwirren sich die Probleme, denn Stellaluna erfährt, dass sie alles kann, was ein Flughund können muss.

Detailreiche Zeichnungen in naturnahen Farben begleiten den Text. Die Kinder sehen und lesen auf unterhaltsame und doch eindringliche Weise etwas über „Fledertiere“. Wiederum bildet eine klar abgegrenzte Sachinformation den Abschluss des liebenswert gestalteten Buches.

→ Muller, Gerda: **Was war im Wald bloß los?** Frankfurt/M.: Moritz Verlag 2004
Anhand der Vorbereitungen und der verschiedenen Spuren, die im Wald zu verfolgen sind, können Kinder herausfinden, was im Wald gesehen und erlebt wurde. Sie erzählen selbst zu den Bildern die Geschichte, die darin verborgen ist.

1.3 Lexika

→ **Alles was ich wissen will 1 und 2.** Lexika für Kinder, Ravensburger Buchverlag 2000
In kindgerechter Sprache erhalten die Kinder in diesem Nachschlagewerk Informationen zu vielen Sachbereichen. Ein übersichtliches Register vereinfacht die Suche auch für Kinder im ersten Lesealter.

2 Bücher für die Weihnachtszeit

→ Lindgren, Astrid: **Weihnachten im Stall.** Hamburg: Oetinger
→ Lindgren, Astrid: **Weihnachten in Bullerbü.** Hamburg: Oetinger
→ Gaarder, Jostein: **Das Weihnachtsgeheimnis.** München: dtv Tb.-Reihe Hanser 2002

3 Kunstbücher für Kinder

→ Björk, Christina/Anderson, Lena: **Linnea im Garten des Malers.** München: Bertelsmann
→ Sturgis, Alexander: **Peters Engel und die Geheimsprache der Bilder.** Hildesheim: Gerstenberg 2004
→ Cappa Legora, Cristina/Maiotti, Ettore: **Nachtblau und Zitronengelb.** München: Bertelsmann 1992
→ Le Saux, Alain/Solotareff, Gregoire: **Das kleine Museum.** Frankfurt/M.: Moritz Verlag 1999

Im Prestel-Verlag (München) wird die Reihe „Abenteuer Kunst“ verlegt. Die Bücher sind sehr kindgerecht aufbereitet. Hervorragende Abbildungen unterstützen das pädagogische Anliegen. Hier einige Titel aus der Reihe, die zu einer Betrachtung schon im 1. Schuljahr anregen:
→ August Macke – Reise in ein fernes Land. Prestel 1998
→ Franz Marc – Tiere unterm Regenbogen. Prestel 1997
→ Krempel, Ulrich: Nikis Welt. Niki de Saint Phalle. Prestel 2003

- Pfleger, Susanne: Henri Rousseau. Traumreise in den Dschungel. Prestel 1997
- Marc Chagall – Das Leben ist ein Traum. Prestel 2003
- Wenzel, Angela: Die Kunst der Illusion (Ich sehe was, was du nicht siehst). Prestel 2001
- Rümelin, Christian: Paul Klee – Kunststücke der Tiere. Prestel 2002

4 Musikbücher/Liederbücher

- Kreusch-Jacob, Dorothee: **Finger spielen, Hände tanzen.** Das große Buch der Fingerspiele: Don Bosco Medien GmbH 2003
- Kreusch-Jacob, Dorothee: **Klang-Werkstatt für Kinder.** Miteinander Instrumente bauen und Musik machen. Don Bosco Medien GmbH 2002
- Isolde Raudszus-Nothdurfter: **Der kleine Brummbär und die Baumfee.** Entspannungsgeschichten mit Musik für Kinder von 4–8 Jahren (mit Audio-CD). Buntrock Music 2003
- Göbel, Dorothee: **Das Musikinstrumentenmuseum Berlin** (mit Audio-CD). Nicolai'sche Verlagsbuchhandlung 2000
- Kuskin, Karla/Simons, Marc: **Das Orchester zieht sich an.** München: Hanser 2002

5 Weiterführende Literaturempfehlungen zum Schulanfang

- Faust-Siehl, G./Speck-Hamdan, A.: **Schulanfang ohne Umwege.** Arbeitskreis Grundschule, Frankfurt/M. 2001
- Haarmann, D.: Fachdidaktik: **Inhalte und Bereiche grundlegender Bildung.** Weinheim: Beltz 2000
- Kiper, H./Nauck, J.: **Unterrichten im 1. Schuljahr.** Baltmannsweiler: Schneider 1999
- Knörzer, W./Grass, K.: **Den Anfang der Schulzeit pädagogisch gestalten.** Ein Studien- und Arbeitsbuch für den Anfangsunterricht. Weinheim: Beltz 2000

Anhang Liedvorschläge

Lieder zur Einschulung

Begrüßungslieder

Schlusslieder

Bewegungslieder

Alle Kinder lernen lesen

Text: Wilhelm Topsch
Melodie: mdl. überliefert

COPY

Herzlich willkommen!

Text: Lore Kleikamp
Melodie: Detlev Jöcker

2. In der Schule lernt ihr eine Menge.
   Schreiben, lesen, turnen, malen,
   rechnen auch, mit vielen Zahlen.
   Jeden Tag ein bisschen mehr.
   Doch kleine Schritte sind nicht schwer.

3. In der Schule könnt ihr viel erfahren.
   Hört von Tieren, sammelt Blätter,
   fragt nach Müll und Regenwetter.
   Lernet viel von unsrer Welt
   und wetten, dass es euch gefällt.

4. In der Schule gibt es auch die Pausen.
   Auf dem Schulhof könnt ihr laufen,
   springen, schreiben, doch nicht raufen.
   Findet Freunde, mehr als zehn.
   Und nun macht's gut! Auf Wiedersehn!

westermann®

Ich mag so gern zur Schule gehn

Mündlich überliefert

2. Dann werd' ich an der Tafeln steh'n, …
da sollt ihr mich mal rechnen seh'n! …
Malen kann ich schon ganz gut, …
und auch turnen – ich hab' Mut! …

COPY

Guten Morgen, good morning

Text: Peter Fuchs/Willi Gundlach
Melodie: Mündlich überliefert

westermann®

COPY

Guten Morgen, wir nicken uns zu

Text: Inge Lotz
Musik: Rolf Krenzer

2. Guten Morgen, guten Morgen,
   wir winken uns zu!
   Guten Morgen, guten Morgen,
   erst ich und dann du!

3. Guten Morgen, guten Morgen,
   wir lachen uns zu!
   Guten Morgen, guten Morgen,
   erst ich und dann du!

westermann

Guten Morgen

Text und Melodie: Dorothée Kreusch-Jacob

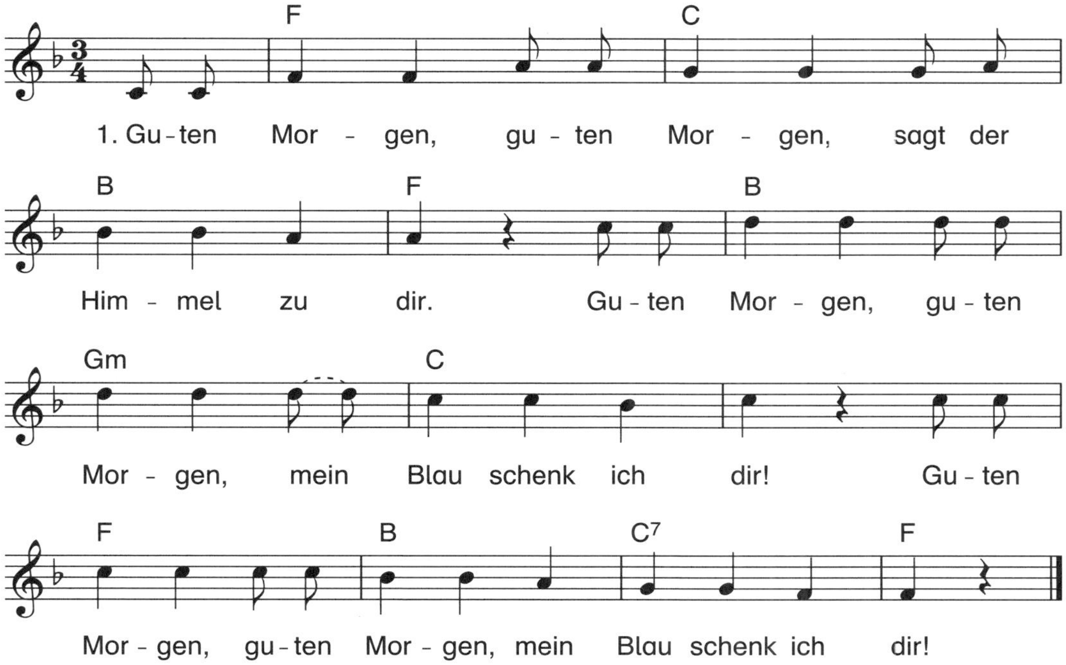

2. Bonjour, bonjour,
   sagt die Sonne zu dir.
   Bonjour, bonjour,
   mein Licht schenk ich dir.
   Bonjour, …

3. Buenos dias, buenos dias,
   sagt der Baum zu dir.
   Buenos dias, buenos dias,
   mein Grün schenk ich dir.
   Buenos dias, …

4. Kalimera, kalimera,
   sagt das Meer zu dir.
   Kalimera, kalimera,
   meine Wellen schenk ich dir.
   Kalimera, …

5. Günaydin, günaydin,
   sagt die Blume zu dir.
   Günaydin, günaydin,
   mein Rot schenk ich dir.
   Günaydin, …

6. Dobar dan, dobar dan,
   sagt der Stein zu dir.
   Dobar dan, dobar dan,
   mein Grau schenk ich dir.
   Dobar dan, …

7. Buon giorno, buon giorno,
   sagt die Wolke zu dir.
   Buon giorno, buon giorno,
   mein Weiß schenk ich dir.
   Buon giorno, …

8. Good morning, good morning,
   sagt der Vogel zu dir.
   Good morning, good morning,
   mein Lied schenk ich dir.
   Good morning, …

westermann®

COPY

Abschiedslied

Text: Ortfried Pörsel
Melodie: Heinz Lemmermann

2. Haben eine lange Pause,
sagen „Tschüss!“ und gehn nach Hause.
(oder: nun ade, wir gehn nach Hause.)
Du und ich …

3. Morgen sehen wir uns wieder,
singen viele neue Lieder.
Du und ich …

westermann

COPY

Wir schütteln uns die Hände

Text: Reinhard Feuersträter
Melodie: Reinhard Horn

2. Wir nicken mit dem Kopf …
3. Wir drehen uns im Kreis …
4. Wir stampfen mit dem Fuß …
5. Wir klatschen in die Hände …
6. Wir springen in die Luft …
7. Wir gehen in die Hocke …
8. Wir beugen uns nach vorne …
9. Wir klimpern mit den Augen …
10. Wir drücken uns ganz feste …

westermann®

COPY

Uns're Stunde ist jetzt zu Ende

Text und Melodie: Sibylle Schura

westermann®

COPY

Hallo, hallo, schön, dass du da bist!

Text und Melodie: Andreas Hantke

COPY

Siebensprung

Text und Melodie: Mündlich überliefert

Refrain

Strophe

So oft springen wie in der Strophe genannt.

2. Das ist zweimal.
3. Das ist dreimal.
4. Das ist viermal.
5. Das ist fünfmal.
6. Das ist sechsmal.
7. Das ist siebenmal.

westermann®

Das Wachmacherlied

Text: Lore Kleikamp
Melodie: Detlev Jöcker

Das Lied über mich

Text und Melodie: Volker Rosin

2.
Es gibt Lieder über Autos, brumm, brumm, brumm.
Und auch Lieder über Bienen, summ, summ, summ.
Nur das eine Lied, das gibt's noch nicht,
und das ist das Lied über mich.
Ich hab …

3.
Es gibt Lieder übers Lachen, ha, ha, ha.
Und auch Lieder übers Schimpfen, na, na, na.
Nur das eine Lied, das gibt's noch nicht,
und das ist das Lied über mich.
Ich hab …

4.
Es gibt Lieder übers Trinken, gluck, gluck, gluck.
Und auch Lieder übers Hühnchen, tuck, tuck, tuck.
Nur das eine Lied, das gibt's noch nicht,
und das ist das Lied über mich.
Ich hab …

Verzeichnis der Muster

Schule am Hirschpark
Am Hirschpark 1
23456 Buchholz
Telefon 01234 4567

Frau Manuela Sänger
Herrn Pit Krams
Brodtmannstraße 19
23456 Buchholz

Buchholz, den 15. März 2005

Sehr geehrte Frau Sänger,
sehr geehrter Herr Krams,

mit Beginn des kommenden Schuljahres wird Ihr Kind Martin schulpflichtig. Wir bitten Sie, gemeinsam mit Ihrem Kind zur Schulanmeldung am 1. April 2005 um 10.15 Uhr in die Schule am Hirschpark in den ausgeschilderten Empfangsraum zu kommen. Bringen Sie bitte Martins Geburtsurkunde zur Anmeldung mit.

Möchten Sie uns etwas über Ihr Kind mitteilen (Therapien, gesundheitliche Einschränkungen, besondere Bedürfnisse), sind wir dankbar, an diesem Tag davon zu erfahren.

Im Empfangsraum finden Sie Lehrkräfte, die für die Kinder Beschäftigungsangebote vorbereitet haben, damit Sie in Ruhe die notwendigen Formalitäten für die Anmeldung zur Einschulung vornehmen können und wir Ihr Kind schon einmal kennen lernen können.

Sollten Sie zum vorgesehenen Termin nicht zu uns kommen können, lassen Sie es uns bitte wissen. Wir vereinbaren dann einen neuen Termin.

Mit freundlichen Grüßen

Gesine Trüller,
Schulleiterin

Lieber Martin,

bald kommst du in die Schule.
Damit wir wissen, wer zu uns in die Schule kommt, musst du in der Schule angemeldet werden.
Am 2. April 2004 ist dein Schulanmeldungs-Tag. Bitte komm mit in die Schule, wenn deine Eltern dich anmelden.
Dann kannst du dich schon einmal hier umsehen. Außerdem kannst du in einem Klassenzimmer malen, spielen oder etwas tun, was wir dir noch nicht verraten wollen. Wir Lehrerinnen warten auf dich und freuen uns schon darauf, dich kennen zu lernen.

In diesem Briefumschlag findest du ein Schild mit deinem Namen.
Bitte male dieses Schild an. Ziehe dann ein Band durch die Löcher und hänge dir das Schild zur Schulanmeldung um.
Dann können wir gleich sehen, wie du heißt.

Viele herzliche Grüße und bis bald!

Die Lehrerinnen der Schule am Hirschpark,
Frau Sult, Frau Mair und Frau Inselmann

Sehr geehrte Eltern,

hier finden Sie die Materialien, die Ihr Kind zum Schulanfang haben sollte.

Bitte in einem **Schuhkarton** mitbringen:
- Wachsmalstifte, wasserfest und dick; die Farbe weiß sollte dabei sein
- einen Tuschkasten mit 12 Deckfarben
- Borstenpinsel
- Haarpinsel
- ein Schraubglas mit Deckel als Wasserbehälter
- einen Kittel (altes Oberhemd) zum Schutz der Kleidung
- einen Zeichenblock
- eine Packung Knetmasse
- einen Klebestift und eine Flasche lösungsmittelfreien Klebstoff

In der **Federmappe** sollte nicht mehr enthalten sein als
- ein Schreiblern-Bleistift mit dicker Mine, Härtegrad 2B oder HB, ein Radiergummi, ein Bleistift-Anspitzer für dicke und dünne Stifte, ein Lineal 20 cm lang
- je ein dicker Buntstift in den Farben rot, grün, gelb, blau, lila, schwarz und braun
- eine Kinderschere
- 2 Würfel

Außerdem braucht Ihr Kind
- 3 Papp-Schnellhefter (rot, blau und gelb)
- 2 Dosen (0,5 l) mit Deckel, in denen es Wortkarten, Merkmalsplättchen o. Ä. aufbewahrt
- Turnkleidung, Turnschuhe
- ein Paar Hausschuhe oder rutschfeste Socken, die es im Klassenraum trägt

Bitte kennzeichnen Sie **alle Materialien** Ihres Kindes und **alle Kleidungsstücke** mit dem Namen! Es ist dann leicht, Fundsachen ihren Besitzern zuzuordnen.

Vielen Dank!
Ihre Ursula Eiselmann

Liebe Katharina,

am 10. September 2005 kommst du in die Königin-Christine-Schule.
Wenn du um 10 Uhr in der Eingangshalle ankommst, wirst du viele andere Kinder treffen, die auch ihren ersten Schultag haben.
Die Lehrerinnen begrüßen dich und deine Eltern.

Ich bin Frau Schulte und werde deine Klassenlehrerin sein.
Du siehst auf diesem Brief viele Enten. Ich werde an meiner Jacke eine Ente tragen, damit du mich gleich erkennen kannst.
Auch an unserer Klassentür hängt eine Ente und viele Enten auf dem Fußboden weisen dir den Weg zu unserem Klassenzimmer.
Ich freue mich schon darauf, dass wir uns bald jeden Tag sehen und gemeinsam in der Entenklasse lernen und fröhlich arbeiten werden.

Herzliche Grüße von deiner Lehrerin
Monika Schulte

Lieber Johannes,

diesen Brief kannst du noch nicht lesen. Mama, Papa, Oma oder Opa werden ihn dir bestimmt gern vorlesen.
Bald ist es so weit: Du kommst zu uns in die Schule. Unsere Klasse ist die Bären-Klasse, deswegen schicke ich dir einen Bären mit. Bring ihn am ersten Tag mit in die Schule.
Dann wissen wir gleich alle, in welche Klasse du gehst.

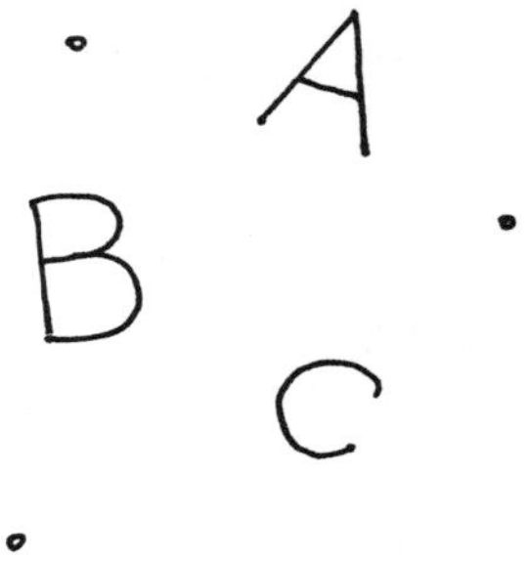

Wir wollen gemeinsam schreiben und lesen, damit du bald selbst Briefe lesen und schreiben kannst! Na, und rechnen wollen wir natürlich auch. Das gehört in der Schule einfach dazu, und es macht sehr viel Spaß. Was wir noch machen wollen? Geschichten und Bücher kennen lernen, draußen schauen, was in der Natur wächst und blüht, jeden Tag gemeinsam frühstücken, spielen, malen und berühmte Bilder kennen lernen, singen und Musik hören und miteinander fleißig und fröhlich sein.

Ich freue mich schon darauf, dass wir uns bald jeden Morgen in der Schule sehen!
Am ersten Tag wirst du mich an unserem Bären erkennen.

Herzliche Grüße schickt dir dein Lehrer
Benno Musterle

Lieber Max!

Du gehst nun seit fast einem Jahr in die Katzen-Klasse. Jeden Morgen hast du die anderen Kinder freundlich begrüßt. Dann hast du dich gleich in die Mathe-Ecke gesetzt. Es hat dir viel Freude gemacht, bis 1000 zu rechnen. Zuerst hast du Plus- und Minusaufgaben gesucht, die für dich leicht zu rechnen waren. Auch das Ergänzen hast du schnell gelernt. Wenn ein anderes Kind dich um Hilfe gebeten hat, warst du sehr geduldig und konntest gut erklären, was es wissen wollte. Oft hast du schwierige Rechenwege gewählt.
Beim Lesen und Schreiben hast du dich am Anfang nicht getraut, allein Wörter oder kleine Geschichten zu schreiben und zu lesen. Nachdem wir aber einige Laute und Buchstaben genauer betrachtet und gelernt haben, war das Lesen plötzlich ganz einfach für dich.
Nach den Weihnachtsferien hast du gleich angefangen, das Buch „Pony, Bär und Apfelbaum“ zu lesen. Meike und Timo haben dir gerne zugehört.
Als du die ersten Wörter schreiben wolltest, hat dir nicht gefallen, dass deine Buchstaben wackelig ausgesehen haben. Deswegen haben wir alle Buchstaben auf große Tapetenstücke geschrieben und inzwischen kannst du gleichmäßig und in kleinen Linien schreiben.

An allen Aufgaben hast du so lange gearbeitet, bis sie fertig waren. Für das Schreiben brauchtest du manchmal etwas mehr Zeit, weil du wolltest, dass alles ordentlich aussieht.
Mit den Mathe-Aufgaben warst du immer schnell fertig.
Du hast dich gut mit allen Kindern vertragen. Wir waren froh, dass du gemerkt hast, wenn jemand traurig ist. Dann hast du es oft geschafft, zu trösten.

Besonders gern warst du in der Turnhalle und auf dem Schulhof an den Klettergerüsten. Das Tanzen und die Bewegung nach Musik haben dir nicht so viel Freude gemacht. Manchmal warst du einfach zu stürmisch und hast dir dann weh getan. Aber das Singen und das Erfinden von Begleitungen auf den Instrumenten hat dir Freude gemacht!

Ich bin froh, dass wir im neuen Schuljahr weiter miteinander arbeiten, lernen und fröhlich sein können!

Dein Lehrer
Peter Bremer

Liebe Janne!

Du bist jeden Morgen die Erste gewesen, die in der Schule ankam. Du hast ein Spiel aus dem Regal geholt und dich damit beschäftigt. Die Puzzles machten dir Spaß. Am Anfang des Schuljahres hattest du noch nicht die Ausdauer, sie zu Ende zu legen und hinterher wieder an ihren Platz zu bringen. Nun spielst du meistens mit Kim und Sonja Gesellschaftsspiele und schaffst es, bis zum Ende dabeizubleiben. Du hast gelernt, dass du nicht immer gewinnst und dass das Aufräumen am Spielende dazugehört.

Die Aufgaben aus dem Tages- oder Wochenplan waren dir nicht immer klar. Dann hast du ratlos an deinem Platz gesessen. Inzwischen hast du gelernt, andere Kinder oder deine Lehrerin zu fragen, wenn du etwas nicht weißt. Seitdem kannst du schneller und gründlicher die Aufgaben bearbeiten und sie zu Ende führen. Aber du brauchst immer noch viel Zeit, weil du gern alle Aufgabenblätter sorgsam und farbenfroh gestaltest.

Als wir die Bilder und Buchstaben aus der Anlauttabelle kennen gelernt haben, fiel es dir schwer, den richtigen Anfangslaut zu hören. Du kanntest einige Wörter zu den Bildern nicht. Das mussten wir viele Male üben. Die Buchstaben, die nicht oft vorkommen (Qu/qu, C/c, J/j) hörst und erkennst du noch nicht sicher. Alle anderen Buchstaben hörst, liest und schreibst du richtig.
Wenn du selbst eine kleine Geschichte oder einzelne Wörter unter deine Bilder schreibst, hörst du die „Musikanten“ (Vokale) nicht genau und schreibst sie nicht auf. Wenn ich dir das Wort noch einmal deutlich vorspreche, bemerkst du aber inzwischen den Fehler und schreibst das Wort richtig.
Du hast gelernt, kurze Wörter und einfache Sätze zu lesen. Das Vorlesen ist aber noch sehr schwierig, weil du jedes einzelne Wort immer wieder neu erlesen musst.
Wir werden das stille Zusammenfügen der Buchstaben zu Wörtern auch im neuen Schuljahr jeden Tag trainieren, damit du es bald schneller schaffst.

Der Sachunterricht war dein liebstes Fach. Du weißt viel über die Haustiere und kennst viele Blumen und Bäume. Die anderen Kinder fragen dich, wenn sie auf unserem Schulhof und auf der Wiese eine Blume finden, die sie nicht kennen. Dann zeigst du ihnen, in welchem Buch sie nachsehen müssen, um die Namen zu erfahren. Viele Namen kannst du ihnen aber nennen, ohne in ein Buch zu sehen. Oft hast du mitgebracht, was du am Nachmittag oder auf dem Schulweg gefunden hast: Zapfen von Bäumen, Früchte verschiedener Pflanzen, aber auch Steine oder Vogelfedern. Immer konntest du etwas über deine Fundstücke berichten.

Das Rechnen ist dir am Anfang sehr schwer gefallen. Du konntest nur bis sechs zählen. Die Punkte auf dem Spielwürfel musstest du jedes Mal wieder abzählen. Inzwischen kennst du aber die Zahlen bis 20 und kannst mit den Rechenperlen einfache Plus- und Minus-Aufgaben rechnen. Wir werden weiterhin mit den Steckwürfeln Muster legen und Kastanien, Muggelsteine und viele kleine Sachen sortieren, zählen, ordnen, damit du sicherer wirst.

Beim Malen und Gestalten mit Ton oder Knetmasse hast du viele eigene Ideen verwirklicht und dabei immer gut beachtet, was wir vor dem Anfangen besprochen haben. Du hast beim Betrachten von Bildern anderer Kinder oder berühmter Maler viele Dinge entdeckt, die die anderen Kinder nicht gesehen haben. Deine Ansichten hast du sorgsam überlegt und ausgesprochen.

Bei unseren Bewegungszeiten hast du manchmal Angst, dann gelingt dir das Balancieren und Klettern noch nicht gut. Aber du bist schon viel mutiger geworden und traust dich, auf dem Trampolin hohe Sprünge zu machen und an der Sprossenwand weit nach oben zu steigen. Das haben alle anderen Kinder bewundert.
Bei sportlichen Spielen fällt es dir aber noch schwer, dich an die Spielregeln zu halten. Wir werden dich immer wieder daran erinnern, und du wirst es lernen.

Große Freude hat es uns gemacht, wenn du uns fröhlich Lieder vorgesungen hast, die du im Kinderchor gelernt hast. Hast du gemerkt, wie viele Kinder
sie von dir gelernt haben? In der Pausen-Disco haben wir gesehen, wie gern und phantasievoll du dich zu Musik bewegst und wie gut du tanzen kannst.
Die anderen Mädchen wollten es genauso gut machen wie du!

Nimm dir für das neue Schuljahr vor, beim Rechnen, Schreiben und Lesen mehr Geduld zu haben. Weil du vieles schnell fertig haben willst, achtest du nicht auf das, was wir vorher besprochen haben. Du hast aber schon so Vieles gelernt, was für dich schwierig war. Die Kinder und ich werden dir immer wieder gern helfen, damit du weiterhin Freude am Lernen hast.

Ich freue mich schon auf die Zeit nach den Sommerferien, wenn wir uns wieder jeden Tag sehen!

Deine Lehrerin
Mia Specht

Ronja-Grundschule
Schillerstraße 7–9
36458 Astadt

15. Mai 2005

Sehr geehrte Eltern!

Der Tag der Einschulung Ihrer Kinder rückt näher. Die Einteilung des künftigen ersten Schuljahrgangs in Klassenverbände ist abgeschlossen.

Ihr Kind wird in der Klasse 1c, der „Schmetterlings-Klasse“ von Herrn Schweizer, unterrichtet werden.

Sie möchten wissen, wie der Tag der Einschulung verläuft, wer die Lehrkräfte sind, die Ihr Kind bekommt, welche Vorbereitungen von Ihnen zu treffen sind und Vieles mehr.
Um Ihre Fragen zu beantworten und Ihnen Informationen im Zusammenhang mit der Einschulungsfeier und der Gestaltung des ersten Schultages zu geben, laden wir Sie herzlich ein.

Kommen Sie bitte

am Dienstag, dem 1. Juni 2005, um 20.00 Uhr

in die Pausenhalle/Aula der Ronja-Grundschule.

Wir grüßen Sie freundlich und freuen uns auf Sie!

S. Schneider
(Schulleiterin)

und die Lehrkräfte des künftigen 1. Schuljahrgangs

U. Schmitt K. Runge B. Schweizer L. Tarm

Marion Mann
Brauerstraße 4
20001 Glückstadt
Telefon 04222 137068

Herrn Michael Meier
Frau Maja Meier
Weserstraße 7
20001 Glückstadt

Glückstadt, den 12. Oktober 2005

Sehr geehrte Frau Meier,
sehr geehrter Herr Meier,

Ihr Sohn Leon geht seit sechs Wochen in die Schule. Sicher möchten Sie wissen, wie er sich bisher eingelebt und entwickelt hat. Gern beantworte ich Ihre Fragen und erzähle Ihnen, welche Lernfortschritte er gemacht hat und wie er im Unterricht sowohl allein als auch mit anderen Kindern zusammen arbeitet.

Am Montag, dem 20. Oktober, und am Dienstag, dem 21. Oktober, finden Sie mich in der Zeit von 19 bis 21.30 Uhr im Klassenraum Ihres Kindes.

Bitte kreuzen Sie an, in welcher Zeit Sie kommen können.

☐ Ich kann/Wir können zu jeder Zeit kommen, bitte teilen Sie mir einen Termin mit.

☐ Ich kann/Wir können nur am __________ von _____ bis ____ Uhr kommen.

☐ Ich kann/Wir können am __________ von _____ bis ____ Uhr oder

am __________ von _____ bis ____ Uhr kommen.

☐ Leider kann ich/können wir keinen der Termine wahrnehmen.
Bitte, teilen Sie mir/uns mit, wann wir Sie erreichen können.

Ich freue mich darauf, Sie zu sehen!

Mit freundlichen Grüßen

Marion Mann
Kassenlehrerin

Verzeichnis der Kopiervorlagen

KV 1: Symbole als Wegweiser

KV 2: Blanko-Domino

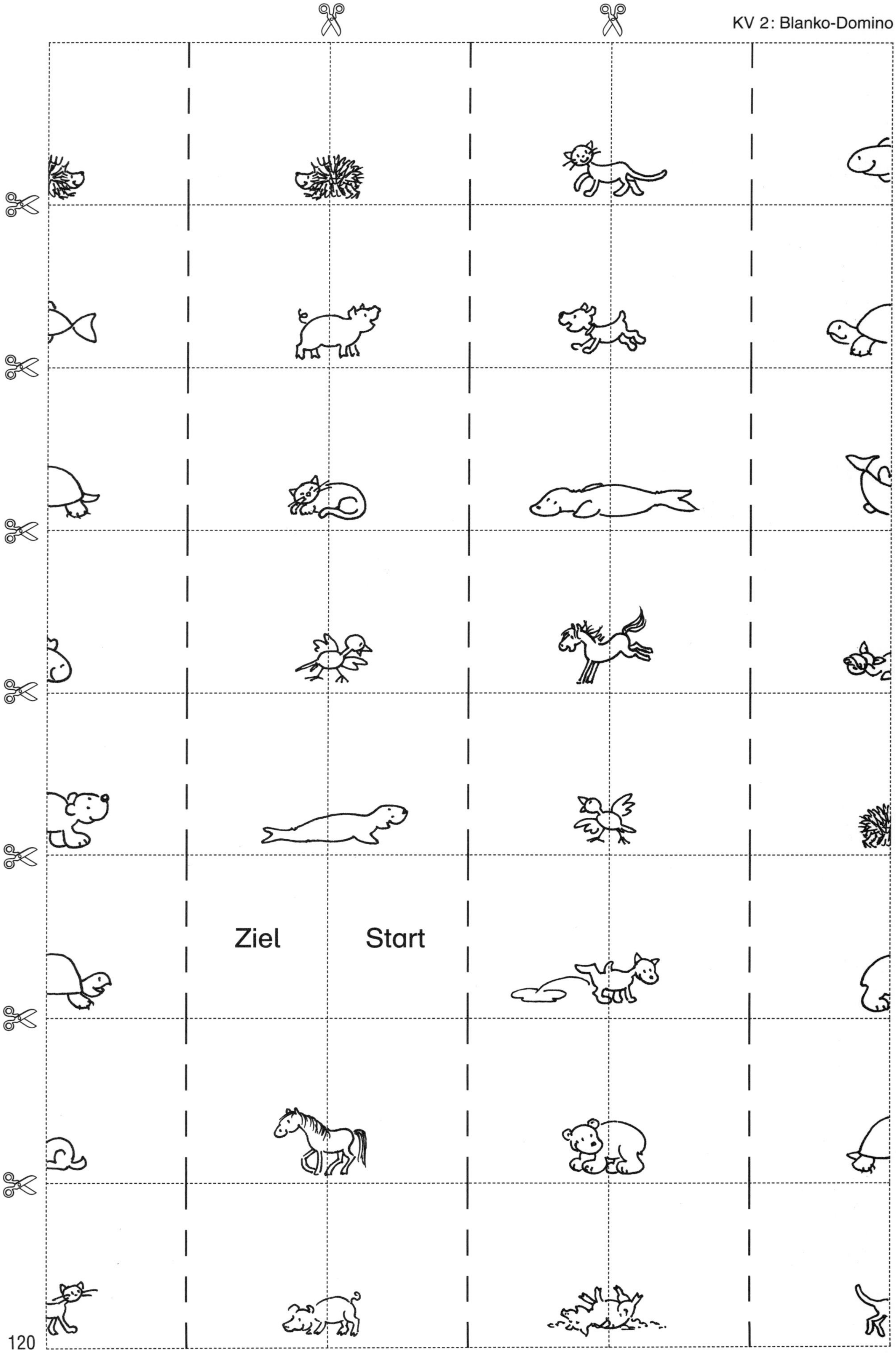

westermann®

KV 3: Rahmen für freies Schreiben: Frühling

NAME
Wir machen Ferien

COPY

LEO

KV 7: Rahmen für freies Schreiben: Weihnachten

COPY

westermann®

COPY

KV 9: Helfende Hände

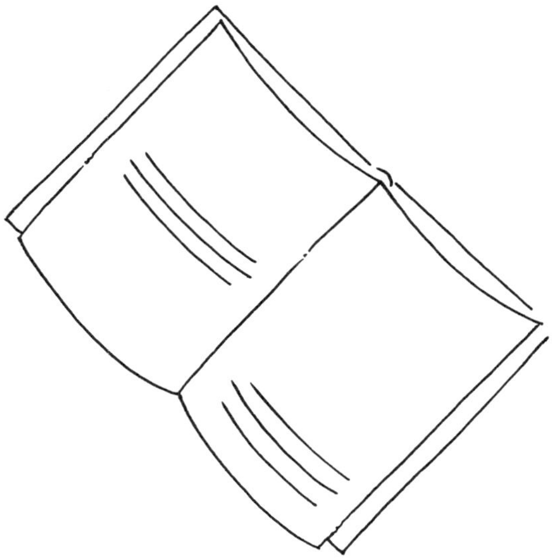

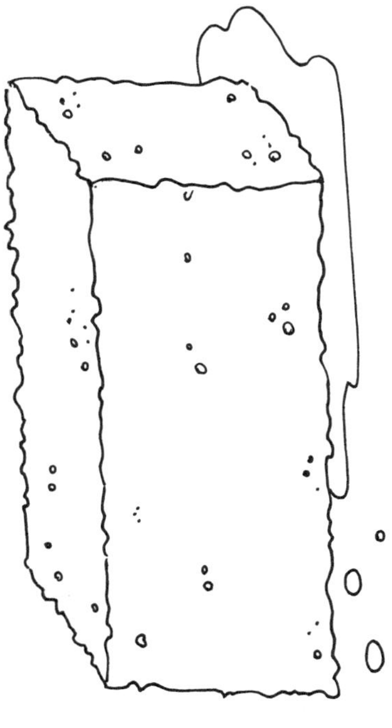

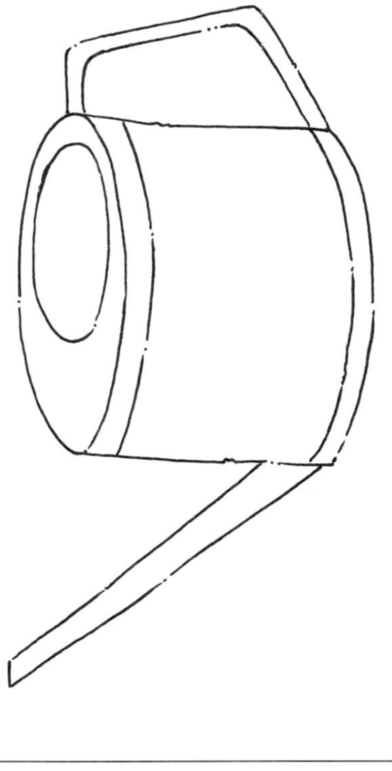

Hinweis zur Benutzung:
Diese oder andere Aufgaben, die Kinder für die Klasse übernehmen, vergrößert auf Karton kopieren.
Die Kinder malen den Umriss ihrer Hand auf Tonkarton, schneiden sie aus und schreiben ihren Namen auf die Hand.
Mit einer Wäscheklammer aus Holz, auf die Rückseite der ‚Papphand' geklebt, befestigen die Kinder ihre Klammer an der Aufgabe, die sie für eine Woche übernehmen.

westermann®

KV10 a: Symbole für den Tagesablauf

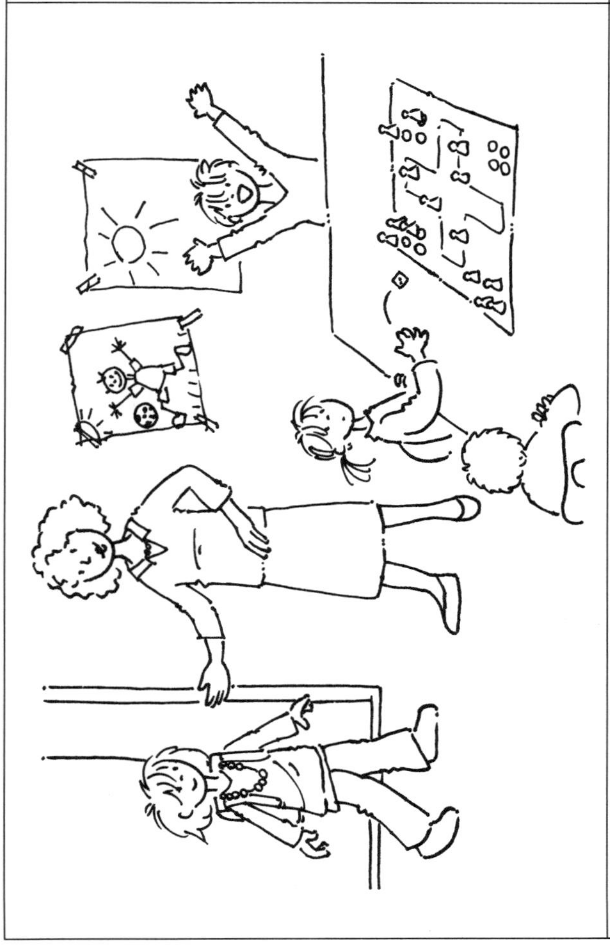

COPY

KV10 b: Symbole für den Tagesablauf

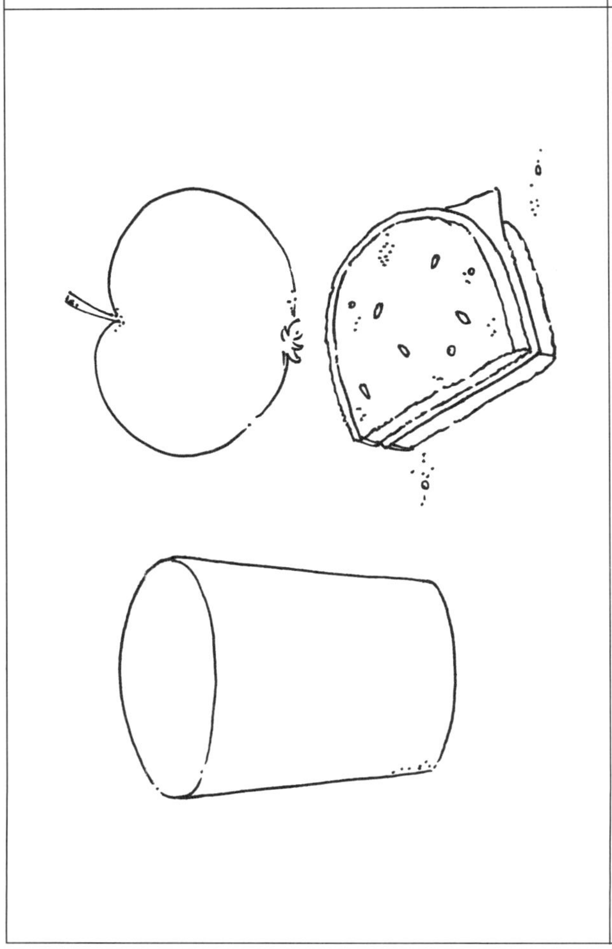

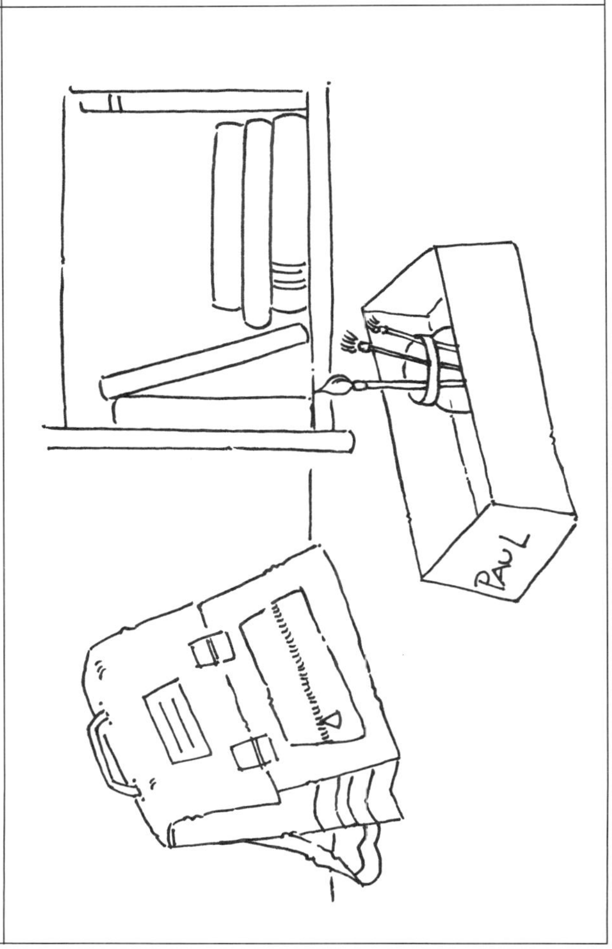

	freundlich, glücklich
	traurig, verzweifelt
	fröhlich, freudig
	ärgerlich, wütend zornig
	ängstlich
	schüchtern

KV 12: Gesten deuten

COPY

KV 14: Feststellen der Lernausgangslage: Grundfertigkeiten

Name des Kindes:	
Name(n) der Lehrkraft/Lehrkräfte:	
Datum	Eintrag

Formulierungsvorschläge:

Das Kind kann/kann nicht
- seinen Namen und seine Adresse nennen,
- ein Anliegen verständlich vortragen,
- sich allein umziehen, seine Schuhe zubinden, seine Hände selbstständig waschen, allein zur Toilette gehen,
- sich von der Mutter trennen,
- Bewegungen über die Körpermitte ausführen,
- einen Stift richtig im Pinzettengriff halten,
- einen Ball fangen,
- einen Ball auf dem Boden prellen,
- balancieren,
- rückwärts gehen.

westermann®

COPY

Name des Kindes:	
Name(n) der Lehrkraft/Lehrkräfte:	
Datum	Eintrag

Formulierungsvorschläge:

Das Kind
- zeigt durch Fragen Interesse und Wissbegier,
- versteht Aufgaben/fragt nach,
- beginnt seine Arbeiten (nicht) selbstständig,
- versichert sich häufig bei der Lehrkraft, richtig gearbeitet zu haben,
- arbeitet selbstständig/braucht häufig/gelegentlich/selten Hilfe,
- arbeitet sorgfältig und gründlich,
- braucht mehr/weniger als die vorgesehene Zeit,
- kann sich kurze/längere Zeit konzentrieren,
- arbeitet gern/gut mit anderen Kindern zusammen,
- verträgt sich mit anderen Kindern,
- ist höflich zu Kindern und Erwachsenen,
- kann eigene Bedürfnisse zu Gunsten anderer Gruppenmitglieder zurückstellen,
- drängt sich in den Vordergrund/lässt sich verdrängen,
- verhält sich auf dem Pausenhof höflich/kooperativ den älteren Kindern oder Lehrkräften gegenüber,
- kann konstruktive Kritik ertragen/üben,
- schlichtet/beginnt Streitigkeiten,
- ist hilfsbereit.

westermann®

COPY

KV 16: Feststellen der Lernausgangslage: Sprechen und Sprache

Name des Kindes:	
Name(n) der Lehrkraft/Lehrkräfte:	
Datum	Eintrag

Formulierungsvorschläge:

Das Kind
- spricht lautrein, deutlich/undeutlich,
- lässt Buchstaben in Wörtern aus,
- kann die Laute ________ nicht bilden,
- lispelt, stammelt, stottert,
- spricht sehr leise/zu laut,
- kann (nicht) flüstern,
- spricht in Ein-Wort-Sätzen,
- bildet (einfache/mehrgliedrige) Sätze,
- benutzt die richtigen Verbformen,
- kann folgerichtig erzählen/eine kleine Geschichte wiedergeben.

westermann®

Name des Kindes:	
Name(n) der Lehrkraft/Lehrkräfte:	
Datum	Eintrag

Formulierungsvorschläge:

Das Kind
- kann den eigenen Namen lesen und unter ähnlichen Namen wiedererkennen,
- kann gleiche Anlaute optisch und akustisch identifizieren,
- kann einzelne Laute und Buchstaben einander zuordnen,
- kann Buchstaben von anderen Zeichen unterscheiden,
- kann Formen differenzieren.

COPY

KV 18: Feststellen der Lernausgangslage: Schreiben

Name des Kindes:	
Name(n) der Lehrkraft/Lehrkräfte:	
Datum	Eintrag

Formulierungsvorschläge:

Das Kind
- bewegt sich insgesamt steif/unkoordiniert/gehemmt,
- hat eine entwickelte/wenig entwickelte Grobmotorik,
- kann Großschwünge nicht/nur mit Hilfe/nach mehrmaligem Üben ausführen,
- hat eine ausgeprägte/wenig ausgeprägte Feinmotorik,
- kann Stifte (nicht) im Pinzettengriff halten,
- weist Defizite in der Auge-Hand-Koordination auf,
- kann seinen Namen (nicht) schreiben,
- hält die Schreibrichtung ein/schreibt spiegelverkehrt/beginnt alle Buchstaben an der Grundlinie,
- kann alle Buchstaben schreiben/Wörter schreiben/Wörter richtig abschreiben von einer Vorlage,
- kann vorgegebene Formen (nicht) ausmalen/hält Grenzen (nicht) ein.

westermann®

COPY

Name des Kindes:	
Name(n) der Lehrkraft/Lehrkräfte:	
Datum	Eintrag

Formulierungsvorschläge:

Das Kind
- erfasst simultan Mengen bis ______,
- kann von 1 bis ______ zählen, kennt die Ziffern 1 bis ______,
- kann Mengen abzählen, kennt Grund- und Ordnungszahlen,
- kann Mengen nach Vorgabe bilden,
- kann die eineindeutige Zuordnung (nicht) vornehmen,
- kennt die Ausdrücke „mehr, weniger, gleich viele“ und wendet sie beim Mengenvergleich richtig an.

westermann®

COPY

KV 20: Lernentwicklung: Lesen

Name des Kindes:	
Name(n) der Lehrkraft/Lehrkräfte:	
Datum	Lesen

Formulierungsvorschläge:

Das Kind
- kennt (nicht alle) eingeführten Buchstaben,
- hat gelernt, die Anlauttabelle als Hilfsmittel zu benutzen,
- kann Wörter/Sätze/kurze, einfache Texte selbstständig erlesen,
- kann sinnerfassend lesen und Fragen zu dem Gelesenen beantworten,
- kann nur geübte Texte lesen/vorlesen,
- liest altersangemessene Texte langsam/stockend/fließend/dem Sinn entsprechend betont vor,
- liest Texte ohne besondere Übung oder Vorbereitung flüssig/betont/sinngestaltend vor.

westermann®

COPY

Name des Kindes:	
Name(n) der Lehrkraft/Lehrkräfte:	
Datum	Mathematik

Formulierungsvorschläge:

Das Kind
- löst im Zahlenraum bis _______ Additions- und Subtraktionsaufgaben,
- findet eigenständig Lösungswege,
- versteht, bearbeitet und löst Sachaufgaben,
- erstellt mit Hilfe/selbstständig Zahlensätze zu Sachaufgaben,
- zeigt Verständnis für Geometrie,
- kann folgerichtig eigene Rechenwege erläutern.

westermann®

COPY

KV 22: Lernentwicklung: Aufschreiben, Abschreiben, Schreiben nach Ansage

Name des Kindes:	
Name(n) der Lehrkraft/Lehrkräfte:	
Datum	Aufschreiben – Abschreiben – Schreiben nach Ansage

Formulierungsvorschläge:

Das Kind
- kann Buchstaben und Laute einander zuordnen und verschriften,
- schreibt Wörter lautgetreu auf,
- schreibt eigene kleine Geschichten lautgetreu,
- schreibt eigene (fröhliche/phantasievolle) kurze Geschichten lautgetreu auf,
- schreibt Wörter aus dem Wortschatz des Leselehrgangs sicher/lückenhaft auf,
- schreibt kurze Texte von einer Vorlage (nicht) sicher ab,
- schreibt Wörter aus dem Übungsbereich nach Ansage sicher/selbstständig/lückenhaft/lautrichtig/ den Regeln entsprechend.

westermann®

COPY

Name des Kindes:	
Name(n) der Lehrkraft/Lehrkräfte:	
Datum	Schrift

Formulierungsvorschläge:

Das Kind
- schreibt formgetreu,
- schreibt unsicher/zügig,
- hat eine verkrampfte/lockere Schreibhaltung,
- hält den Stift nicht altersentsprechend (z. B. im Pfötchen-Griff),
- schreibt mit starkem/leichtem Druck,
- hält die Schreibrichtung ein,
- orientiert sich (nicht) sicher in der Lineatur.

westermann®

COPY

KV 24: Piktogramme für Sozialformen und Arbeitsmittel

Sozialformen (Einzelarbeit, Partnerarbeit, Gruppenarbeit):

Arbeitsmittel:

Aufgaben:

Hinweis zur Benutzung:
Die Piktogramme für Sozialformen, Arbeitsmittel, Aufgaben (KV 24 und 25) können für den Tages- und Wochenplan (KV 29) verwendet werden.

westermann®

COPY

KV 26: Symbole für Lernstationen

Hinweis zur Benutzung:
Um den Kindern einen Überblick zu geben, welche Station sie schon bearbeitet haben, ist es vor allem in der Anfangszeit günstiger, anstelle einer numerischen Kennzeichnung (beliebige) Symbole zu verwenden: Vergrößert hängt das Symbol an der Station, klein findet es das Kind auf seiner Laufkarte (vgl. KV 27).
Sind die Symbole einmal laminiert, ist es einfach, sie immer wieder zu verwenden.
Auch die Laufkarten der Kinder sind dauerhaft benutzbar, sobald sie laminiert sind. Mit Fettstift oder wasserfestem Stift, der flüssig wieder zu entfernen ist, erfolgt die Kennzeichnung der bereits bearbeiteten Aufgaben.

westermann®

COPY

Name: ______________________________

Hinweis zur Benutzung:
Die für die Kennzeichnung der einzelnen Aufgaben verwendeten Symbole (KV 26) dienen auch der Kennzeichnung der Aufgaben auf der Laufkarte. Sie sind jeweils in die einzelnen Felder der oberen Zeile einzufügen. Jedes von dem Kind farbig gestaltete Symbol ist ein Hinweis darauf, dass das Kind diese Aufgabe bearbeitet hat.
Das darunter angeordnete Feld bietet der Lehrkraft (oder Kindern) Platz, zu dokumentieren, dass die Aufgabe bearbeitet und kontrolliert worden ist.

westermann

COPY

KV 28: Lernpass

westermann

COPY

Name:

Meine Aufgaben am ______________________________

Symbol für Aufgabe (KV 25) oder für Lernstation (KV 26)	*Symbol für Arbeitsmaterial (KV 24)*	*Symbol für Sozialform (KV 24)*	*Raum für Aufgabenbeschreibung*

Hinweise zum Tages- bzw. Wochenplan:
Der Plan kann vergrößert an die Kinder verteilt werden. Er muss, damit die Kinder in seinem Gebrauch sicher werden, immer das gleiche Raster haben.
Der Tages- bzw. Wochenplan enthält alle Pflichtaufgaben, die von jedem Kind zu bearbeiten sind. Außerdem sind Zusatzaufgaben vermerkt, die von schnell arbeitenden Kindern erfüllt werden können. Dabei handelt es sich nur in Ausnahmefällen um zusätzliche Arbeitsblätter. Vielmehr sollen die Kinder angeregt werden, sich mit im Klassenraum ausliegenden Materialien zu beschäftigen: Sie bekommen z.B. die Möglichkeit, einfache physikalische Versuche durchzuführen, sich kleine zum Tagesthema passende Spielszenen auszudenken und einzuüben, draußen vor dem Klassenzimmer Spiele zu spielen oder sich mit Baumaterialien als Konstrukteure zu betätigen.
Die Aufgabenbeschreibung dient am Anfang vor allem der Information der Eltern, später lesen die Kinder sie selbst. Damit dem Plan etwas von seiner Strenge genommen wird, ist es möglich, ihn mit passenden Illustrationen zu schmücken. Eine persönliche Note erhält der Plan, wenn er nicht am PC, sondern mit der Hand gestaltet wird.

westermann®

COPY

westermann®

COPY

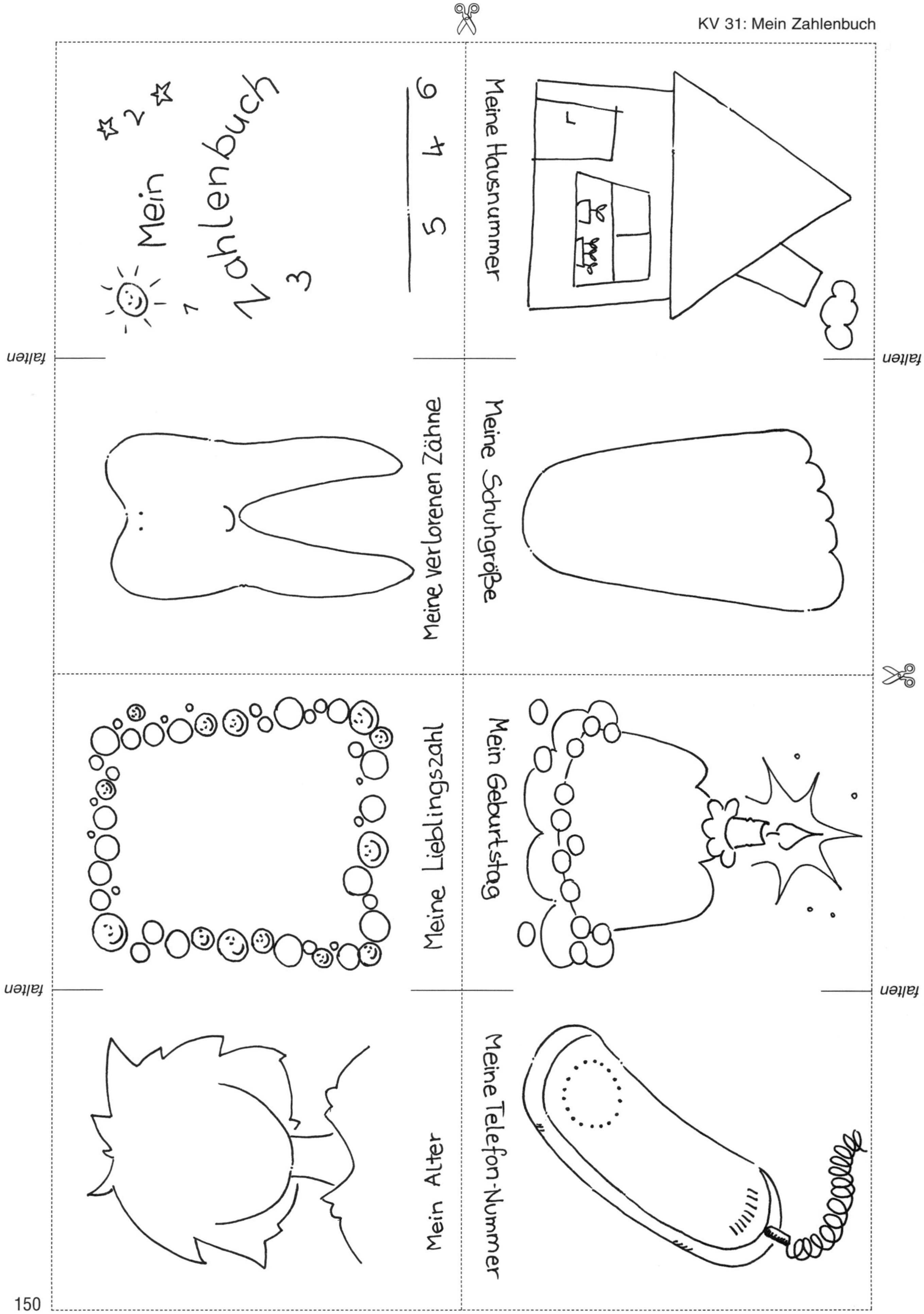

westermann®

westermann